刘
聪
著

吴湖帆与周鍊霞

中华书局

图书在版编目(CIP)数据

吴湖帆与周鍊霞/刘聪著. —北京:中华书局,2021.1
ISBN 978-7-101-14765-0

Ⅰ.吴⋯ Ⅱ.刘⋯ Ⅲ.①吴湖帆–人物研究②周鍊霞–人物
研究 Ⅳ.K825.72

中国版本图书馆 CIP 数据核字(2020)第 174209 号

书　　　名	吴湖帆与周鍊霞	
著　　　者	刘　聪	
责任编辑	马　燕	
出版发行	中华书局	
	（北京市丰台区太平桥西里 38 号　100073）	
	http://www.zhbc.com.cn	
	E-mail:zhbc@zhbc.com.cn	
印　　　刷	天津图文方嘉印刷有限公司	
版　　　次	2021 年 1 月北京第 1 版	
	2021 年 1 月北京第 1 次印刷	
规　　　格	开本/920×1250 毫米　1/32	
	印张 7¼　插页 3　字数 120 千字	
印　　　数	1-4000 册	
国际书号	ISBN 978-7-101-14765-0	
定　　　价	68.00 元	

吴湖帆（1894—1968）

江苏苏州人，号倩庵，别署丑簃，斋名梅景书屋。书画家、
鉴藏家、词人。

周鍊霞（1906—2000）

江西吉安人，名葹，字紫宜，号螺川，室名螺川诗屋。画家，词人。

目 录

一　　从《佞宋词痕》谈起 ｜ 1

二　　文字订交 ｜ 14

三　　红罗荐酒 ｜ 31

四　　分浅交亲 ｜ 42

五　　上元梅影 ｜ 54

六　　三场约会 ｜ 71

七　　中秋夜雨 ｜ 85

八　　清梦缠绵 ｜ 96

九　　碎心如剪 ｜ 108

十　　词痕出版 ｜ 120

十一　唱予和汝 ｜ 131

十二　结茅南陵 ｜ 153

十三　重理残稿 ｜ 169

十四　风吹雨打 ｜ 181

十五　多病多愁 ｜ 196

后　记 ｜ 222

一　从《佞宋词痕》谈起

　　近些年，随着陈巨来《安持人物琐忆》的热销，女画家周鍊霞又重新进入人们的视野。在陈巨来笔下，周鍊霞除姿容秀美与惊才绝艳外，她和吴湖帆的恋爱故事，也终于浮出水面，成为人们津津乐道的话题。不过，《安持人物琐忆》因掺杂了太多的虚构和想象，虽然生动有趣，却近乎小说家言，不能让人尽信。[1]那么，吴湖帆和周鍊霞的关系究竟如何？他们两人又曾经发生过哪些故事？

　　2012年，笔者著辑《无灯无月两心知——周鍊霞其人与其诗》出版。囿于当时所见材料，书中对吴、周二人的关系论述不多。但在之后的数年里，笔者有幸又见到吴、周交往的种种新材料，同时对吴湖帆的词集《佞宋词痕》也进行了比较系统的研读。最终发现，其实在《佞宋词痕》的背后，就隐藏着吴、周二人相识相恋的一段故事。可以说，《佞宋词痕》正是揭秘吴、周恋情的一把钥匙，无论要钩沉吴、周二人的故事，还是要考证他们的关系，我们都必须从《佞宋词痕》谈起。

　　今天，常见的《佞宋词痕》有两种影印本，一是1954年梅景书屋五卷本，二是2002年上海书店十卷本（后又再版）。除此之外，《佞宋词痕》还有七部手稿本存世。其中五部现度藏于上海图书馆，分别题作"佞宋词痕第二册""甲午词稿""佞宋词痕刻后稿甲午起""佞宋词痕乙未年起底稿卷七""佞宋词痕卷十"。[2]另外两部则出现在2014年

匡时公司的秋季拍卖会上，一部题作"佞宋词痕卷九"，另一部题作
"癸巳"。[3]

在上述九个版本中，1954年梅景书屋五卷本是吴湖帆生前的唯一
刊本。这一版书前有冒广生、叶恭绰、汪东三篇序言，序言后是瞿宣
颖、向迪琮、杨天骥、孙成、文怀沙、龙元亮、潘承弼、孙祖勃八家
题词。正文为正编五卷，后附补遗六首、潘静淑著《绿草词》一卷、
周鍊霞抄外编《和小山词》一卷。书末有冒效鲁跋文一篇。五卷本的
《佞宋词痕》在编排上有一个特别之处，即不按词的创作时间编年，却
别出心裁，以词的内容题材分卷。

卷一所收多是与吴氏家庭及其个人历年游踪相关的词作，其中不
少来自作者旧刊的《梅影书屋词集》。卷二全部是题书画碑帖及其他
文物的词作，体现了吴氏以填词代题跋的创作特色。卷三为交际酬答
的词作，如祝寿、追悼或为友人作画题词等，是作者与时流交游的见
证。卷四、卷五多为次韵之作，从内容上看，这两卷似乎没什么分别，
会不会只是因为创作时间的不同，才被分为四、五两卷呢？

2016年，笔者在上海图书馆翻检《佞宋词痕第二册》手稿时，发
现此稿正是1954年五卷本出版前的底稿之一，只是其中的词作还是
以时间顺序抄录，尚未按内容分卷。不过，很多词牌上已分别标有
"2""3""4""5"等阿拉伯数字。稍加查检，即知这是相应的词作后
来被收入影印本卷二至卷五的意思。除题书画碑帖的词全部标"2"，
与友朋酬应的词全部标"3"，其他词作则看似很随意地标"4"标"5"，
两个数字或前或后，貌似无规律可循。但是可以看出，手稿内的词作
因是按时间顺序抄录的，所以卷四、卷五绝不会是依时间顺序来简单
划分的，二者一定有其他分卷的依据。

经反复研读，笔者认为这个依据就是周鍊霞。正编五卷中，除有
四首词作写明与周鍊霞相关外，其他未点出周鍊霞的名字，但能考证

《佞宋词痕》五卷本

《佞宋词痕》十卷本

《佞宋词痕第二册》

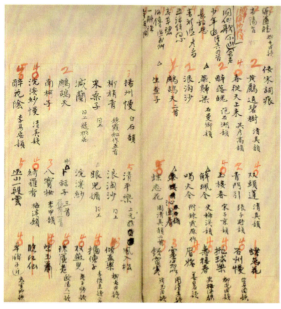

《佞宋词痕第二册》
目录

出与周錬霞有关的词作，大约还有四十首（考证的依据各有不同，俟后文详述），竟全部收入卷五，在卷五中占到七成左右，而在卷四中却一首也没有发现。[4] 虽然我们尚无法证明卷五中的每一首词作都与周錬霞有关。但是，既知卷四、卷五必有分卷的依据，而卷五中绝大部分词作又与周錬霞有关，那认定卷四、卷五分卷的依据就是周錬霞，当然是最合情理也是最合逻辑的推测。

之前，卷五中一些看不出与周錬霞有关的作品，后来随着各种新证据的发现，也一一证实了它们与周錬霞的关系。比如，卷五中的《清平乐·上元》，在《佞宋词痕第二册》手稿中，题序"上元"后还有"访紫宜"三字，"访紫宜"虽已被墨笔勾去，但仍清晰可辨。又比如，卷五中的《醉花阴·题画》，在保利公司2014年秋季拍卖会上，我们发现原来是吴湖帆在周錬霞《清夜吟诗图》上的题词；而卷五中的《菩萨蛮》，在朵云轩2014年春季拍卖会中，也出现在周錬霞所画的《仕女图》上，同样为吴湖帆所题。[5]

为什么吴湖帆在分卷的问题上要故作狡狯呢？笔者以为，毕竟涉及周錬霞的词作，是吴湖帆心血所在，他既想留存入稿，又怕因此会将他和周錬霞的亲密关系暴露于世人面前，大干物议，所以才会对这些词作进行各种隐晦的处理，再统一编入卷五。（如为次韵晏小山者则编入《和小山词》中。）待《佞宋词痕》出版后，吴湖帆还填了一首《鹧鸪天·佞宋词痕刻成五卷书后》（《佞宋词痕》卷六），坦承了自己"晦隐"的事实：

清梦闲凭绝妙辞。无弦琴上说相思。拵成滴滴盘珠颗，抽尽盈盈缚茧丝。　花解语，蝶偏知。多情多感断肠时。陶潜晦隐非缘老，杜牧疏狂不是痴。

对"多情多感"的吴湖帆来说,《佞宋词痕》本就是以"绝妙辞"来"说相思"的遣情之作。所谓"陶潜晦隐非缘老",正是说不是因为自己老了,才要隐晦词中的男女之情,而是因为自己和陶渊明一样,所咏者为"闲情",所以才不得不有所隐晦耳。(陶渊明曾作《闲情赋》,赋中的"闲情"专指某种不合礼教的男女之情,并非"闲情逸致"的意思。)

此外,从《佞宋词痕》的编排上,我们也能看出吴湖帆某些极细腻的心思。比如在《佞宋词痕》正编五卷、补遗六首之后是元配潘静淑《绿草词》一卷,《绿草词》之后有续弦顾抱真《一点春》一首,再之后才是由周錬霞抄录并代和部分词作的《和小山词》。[6] 这样的编排顺序,十分耐人寻味,似乎暗示着潘静淑、顾抱真、周錬霞三人与吴氏的亲密关系以及她们在吴氏心中的地位。不过,现在既知正编卷五是为周錬霞而作,那周氏貌似殿后于外编中,实际却早已潜伏在正编里,潘、顾、周三人在吴氏心中的分量,也就并非表面看上去那样简单了。

在1954年五卷本刊印后,吴湖帆并未停止填词,不过终其一生,《佞宋词痕》都未增订再版。直到2002年,上海书店出版社才从吴氏后人手中觅得1954年后的第二本底稿,出版了《佞宋词痕》十卷本。只是增订后的"十卷本"中,并无卷九与卷十,而是在原来的正编五卷后,新增卷六、卷七、卷八,以及八卷后未标卷数的两卷,如此合称"十卷"。吴湖帆文孙吴元京在"后记"中说:

> 爷爷一生填过千余首词。他将自己喜欢的词稿用小楷一一抄录下来并汇编成册,起名为《佞宋词痕》。根据爷爷遗留的稿件分析,全册应有九卷,分成两本,第一本为一至五卷,此本词稿曾于一九五四年印制过;第二本应有六至十卷,并且目录也已基本

编好，但是由于"文革"，爷爷没能编完十卷（总共汇编了四二九篇词），就过早地离开了我们。

当年初读此版"后记"，有两点令笔者十分不解。第一，《侫宋词痕》到底是应有九卷，还是应有十卷？第二，2002年上海书店十卷本，不算补遗与外编，收词已有四百七十九篇，这比后记所说的"总共汇编了四二九篇词"，多出五十篇，显然不是一般的统计失误，原因何在？

2014年匡时秋拍中出现的手稿《侫宋词痕卷九》（下称"手稿卷九"），或许可以解开笔者多年的疑惑。手稿卷九，线装一册，行款、字迹以及版心下印有"梅景书屋""侫宋词痕"字样的朱丝栏稿纸，都与2002年影印本相同。且手稿卷九中的词作，与影印本一至八卷、八卷后的两卷，无一首重复。从数量上看，《侫宋词痕》卷一至卷八收词三百九十四首，手稿卷九收词四十首，二者合计四百三十四首。但卷七中有四首、卷九中有一首，都是仅抄有词牌而尚未录出词作。如果去掉这五首，卷一至卷九实际收词共计四百二十九首，这与吴元京"后记"中所说"总共汇编了四二九篇词"恰相吻合。

基于以上发现，笔者推测手稿卷九与2002年影印的其他十卷出自同一渊源，但在当年准备出版增订本时，吴元京只找到了一份九卷的目录以及一本包含卷六、卷七、卷八和未标卷数的两卷的底稿。说"应有九卷"，是吴元京根据"已基本编好"的"目录"分析出来的，他并未见过第九卷。但根据九卷的目录，吴元京仍可计算出"总共汇编了四二九篇词"。而说"应有六至十卷"，则是因为吴元京手里恰有这本六至八卷及后附两卷的底稿，再加上之前已刊的五卷，正好合计十卷。只是如此说，实会给读者一种没有卷九的《侫宋词痕》十卷本已为全帙的错误印象。[7]

可以说，手稿卷九与十卷影印本原本应为一个整体，都是缮写工

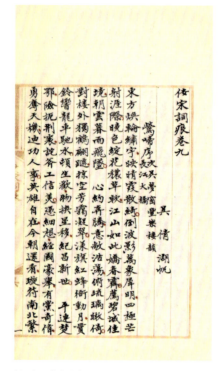

《佞宋词痕卷九》

整，经过编排，虽还有少量校改和阙文，但已是接近定稿的本子。而上海图书馆所藏的五部稿本，则满纸涂改钩乙，未加编次，类似于初稿或修改中的未定稿。不过也正因此，五部手稿在抄录作品时恰恰保留了最初写作的时间顺序，而且录有大量不见于影印本的佚作，这恐怕也正是五部稿本最大价值所在。

第一部稿本题作"佞宋词痕第二册"（下称"手稿一"）。分两卷，前卷专收和晏小山的词作，后卷为其他编年词作。从时间上看，手稿一中的大部分词作起自1952年底迄于1953年秋。其中不见于影印本的佚作有十八首。

第二部稿本题作"甲午词稿"（下称"手稿二"）。收词时间自 1954 年春至 1954 年 8 月。手稿二中的词作除有三首被作者剔除外，其余均重新誊入第三部稿本。

第三部稿本题作"佞宋词痕刻后稿甲午起"（下称"手稿三"）。收词时间自 1954 年春至 1955 年初。其中不见于影印本的佚词有十九首。

第四部稿本题作"佞宋词痕乙未年起底稿卷七"（下称"手稿四"）。收词时间自 1955 年初至 1955 年 8 月。其中不见于影印本的佚词有二十一首。

第五部稿本题作"佞宋词痕卷十"（下称"手稿五"）。收词时间自 1957 年 10 月迄于 1960 年夏。其中不见于影印本的佚词有五十三首。五十三首中，有三十一首可见于手稿卷九，一首是重录手稿一中的旧作，另外的二十一首则为手稿五所独有。

我们发现，五部稿本从 1952 年底至 1960 年夏，在时间上是大体连缀的，但有两个缺口，一个是 1953 年秋至 1954 年春，另一个是 1955 年 8 月至 1957 年 10 月。后一个缺口，很可能是吴湖帆在 1957 年的"反右"运动中，将彼时手稿付之一炬导致的。[8] 而前一个缺口，则恰好能为手稿《癸巳》所填补。

手稿《癸巳》，2014 年出现在匡时秋拍中，虽然笔者迄今尚无缘经眼，但根据拍品介绍及拍卖图录中所附书影推断，该手稿当起自癸巳九月初三，大约止于癸巳岁末，即从 1953 年秋至 1954 年初。从时间上看，正好与手稿一和手稿二前后衔接。而从所用朱丝栏稿纸和满篇涂改的特征看，《癸巳》与上海图书馆的五部稿本也完全一致，同属修改中的未定稿。不难断定，《癸巳》与上海图书馆的五部稿本原本应为一个整体，不知何时，它们与手稿卷九一同从梅景书屋散出，之后，五

《甲午词稿》

《佞宋词痕刻后稿甲午起》

《佞宋词痕乙未年起底稿卷七》

《佞宋词痕卷十》

部稿本归入上海图书馆，而《癸巳》与《侫宋词痕卷九》则辗转至拍卖会上。

如果说十卷影印本与手稿卷九同属一个版本系统，那上海图书馆的五部稿本和《癸巳》则同属另一个版本系统。二者相较，收词时间大约都止于1960年，但在编排上却又有很大不同。十卷影印本与手稿卷九已将时间打乱，全部重新编定；而上海图书馆的五部稿本和《癸巳》则基本按时间顺序抄录，因而多保留了原始面貌。在这些原始面貌中，我们能看到大量毛笔、钢笔、铅笔的修改痕迹，而且发现某些词作是抄后又改，改乱又重抄，重抄后又改乱的。据说，吴湖帆平时将词抄在印有"梅景书屋"字样的朱丝栏稿纸上，待积累成册，再找上海著名装裱师刘定之装订成书。吴氏对词"是不怕麻烦地删改的，即使他用心写好了的词集，已经送给刘定之装订，但他还是时常要回

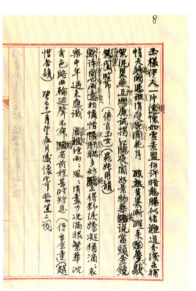
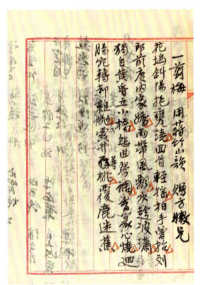

《癸巳》内页

去再改再抄，虽然所改的甚至不过一两个字而已"。[9] 如此这般反复斟酌、不断推敲，真可谓呕心沥血。坊间传言吴氏之词多由周鍊霞捉刀，不足信也。

其实，吴湖帆填词，既不像冒鹤亭在《佞宋词痕》序中所称"几使明诚金石录与漱玉词合而为一"，也绝非冒鹤亭私下所云"这词做周女徒孙都不够格"（陈巨来《安持人物琐忆》）。吴氏于词用力甚勤，虽然诗古文辞修养不足，但他毕竟在传统书画上浸染既深，眼光又高。何况中国文艺触类旁通。君不见，吴氏致力于集句与次韵的练习，不正与传统书画中的临摹十分相似吗？[10] 因此，吴湖帆填词，不求工，不逞巧，还常常有"笨拙"之感，但这与晚清以来王鹏运所提倡的"重拙大"亦不无暗合之处，此即汪东在《佞宋词痕》序中所说的"宁拙勿巧"。"宁拙"，即刻意以拙笔出之，反而可以藏拙，这同样也包含着一种"既丑且美"的艺术思想。[11] 何况在1950年代后，吴湖帆因与周鍊霞相恋，所填小词悱恻缠绵，语浅而情深，故而又留下了不少佳作。

─────────────

[1] 陈巨来《安持人物琐忆》（上海书画出版社2011年）中《记螺川事》，语多失实之处，可参拙作《为周鍊霞辩诬之我见》（载《东方早报·上海书评》，2012.12.2）。

[2] 详见梁颖《词人吴湖帆》，载《吴湖帆的手与眼》，北京大学出版社2015年。

[3] 上海书画出版社1999年曾出版《吴湖帆佞宋词痕册》，系吴湖帆书赠友人吕贞白的十首词作（有一首重出），实为一本书法册页，不可以词集目之。又，吴湖帆后人手中尚有《佞宋词痕》的第二本底稿（即十卷本之后五卷），因此稿已影印出版，故此处暂不赘论，本书第十三章《重理残稿》中另有详述。

[4]《佞宋词痕》正编五卷中，直接点明与周鍊霞有关的四首词，是卷二之

《鹧鸪天·赵管合卷附螺川同作》，卷三之《南乡子·周紫宜画并蒂莲》《八宝妆·螺川诗屋图次李景元韵》《金缕曲·和螺川韵》。可以说，这四首词作只是"明修栈道"，而隐藏于卷五中的大量作品才是"暗度陈仓"。此外，书中还有不少与周鍊霞相关的作品，因系次韵晏小山者，故又被作者另行收入外编《和小山词》中。

[5]《清夜吟诗图》拍卖公司原定名"烛影摇红"，今据《佞宋词痕第二册》手稿改。

[6] 冯天虬《未"抱真"之趣话》云："吴湖帆也曾代顾抱真填词一首《一点春》，由顾抱真自己用小楷书写……"（载《近代海上画坛五人——"三吴一冯""海上四家"艺事琐记》，上海交通大学出版社2016年）

[7] 至于《佞宋词痕》八卷后为何有不标卷数的两卷，它们与其他九卷又是何关系，本书第十三章《重理残稿》中另有详论。

[8] 见戴小京《画坛圣手——吴湖帆传》，上海书画出版社2002年。

[9] 见潘伯鹰《吴湖帆词兴不浅》，载《小沧桑记》，上海辞书出版社2013年。

[10]《佞宋词痕》中多为次韵宋贤之作，尤以周清真、晏小山、柳耆卿三家最夥。1948年吴湖帆曾刊有《联珠集》，所收则皆为集句之作。

[11] 吴湖帆因藏有《隋美人董氏墓志》《隋常丑奴墓志》，故曾镌"既美且丑"朱文方印以为纪念，其事可参本书第十五章《多病多愁》。

二　文字订交

翻检吴湖帆早年交游的种种资料，我们始终未见到周錬霞的名字。

比如，1939年潘静淑逝世后，吴湖帆以亡妻名句"绿遍池塘草"为题，广邀友朋一百二十人作画题咏，这是当年吴湖帆朋友圈的一次集体亮相，但在1940年出版的《绿遍池塘草》图咏集册中，我们却找不到周錬霞的身影。再比如，吴湖帆现存的《丑簃日记》[1]，详细记录了吴氏1931年至1939年间的交游活动，涉及人物甚夥，但在日记里，我们也看不到吴、周二人曾经交往的记录。

看不到记录，会不会是吴湖帆故意避而不录呢？恐怕又并非如此。笔者翻阅过大量民国时期的上海小报，在1940年代，周錬霞艳名方炽，不知有多少小报记者成天追逐于錬师娘的石榴裙边，对其轶事趣闻大肆报导。但在这些报导中，同样也见不到吴、周二人曾经交往的证据。那么，吴湖帆与周錬霞到底订交于何时呢？

据笔者所知，周錬霞最早出现在吴湖帆的著作里，是在1954年出版的《佞宋词痕》中。《佞宋词痕》除正编有部分词作写明与周錬霞相关外，所附外篇《和小山词》也全部由周錬霞抄录。在卷末，周氏还题有《念奴娇》一首：

高楼梅景背西风，掩映疏枝繁朵。篆缕萦回沉水细，正是词心初可。片玉仙音，小山雅韵，拍倩红牙和。举头新月，入时眉样刚妥。 其奈绿草池塘，黄昏庭院，寥落无萤火。唤起采毫留墨沈，替写闲愁些个。六叠清平，双声红豆，调入伊州破。湘帘低卷，燕巢梁上重作。

　　癸巳新秋，庐陵周莲校录，代和《清平乐》末六首，并题此解。

从词后跋语看，在癸巳（1953）新秋，吴、周二人已有非常密切的交往。周鍊霞不仅替吴湖帆抄录了《和小山词》，还代作了其中六首《清平乐》。

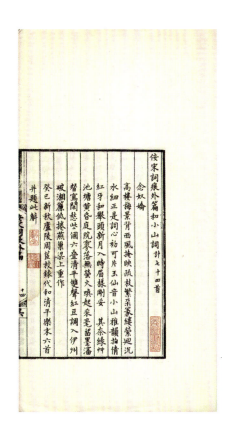

《和小山词》之周鍊霞题词

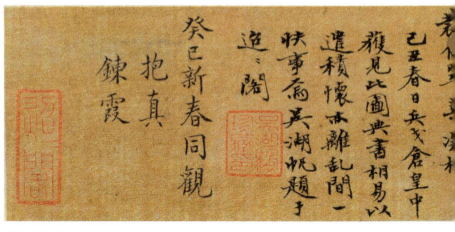

《樱桃黄鹂图》之周錬霞观款

《赵管合璧》之周錬霞题词

春色迎人媚珠簾玉苑
唱隨朝暮小印拈紅映
修眉黛碧染香統素
並肩笑語指櫻顆宮砂
柔緒廻倚檻聽囀黃鸝
又喜和鳴聯照
此日楊家秀口儘歡娛
浣花無慮且聞戲試坤
甯睿筆清閟芳土
謾使鳳城廚鬴便瀘

覃溪閣學平生服膺率义書尤對化度考訂至深奮未
羨先唐拓原本遂始終誤會與畊考宋什涅書七姬櫂
眉志相同今有七姬原拓張本與此唐石真拓思本俠藏壹四
歐堂中深有矜惜護守不拾云其湖帆潘靜淑同寶
癸巳上元同觀把真
鍊霞

《化度寺塔铭》之周鍊霞观款

此外，在吴湖帆梅景书屋的收藏中，已知四件藏品上录有周鍊霞的题跋。三件现藏于上海博物馆：一是宋版《梅花喜神谱》，周鍊霞题"癸巳元宵，抱真、鍊霞同观"；二是南宋《樱桃黄鹂图》，周鍊霞题"癸巳新春同观，抱真、鍊霞"；三是元《赵管合璧》，周鍊霞题词一首，落款云"癸巳春分前二日，随声《鹧鸪天》，螺川鍊霞题"。另一件是今藏于上海图书馆的宋拓《化度寺塔铭》，周鍊霞题"癸巳上元同观，抱真、鍊霞"。四件藏品上的题款时间也均在癸巳（1953）年。

再查近年拍卖会，吴、周合作的书画也不少见，但最早的三件都作于1953年。一是周鍊霞所绘《清夜吟诗图》（北京保利2014年秋拍），上有吴湖帆所书《醉花阴》一首，周氏款云"癸巳五月，鍊霞"。二是吴湖帆、周鍊霞合画的《荷花鸳鸯图》（上海朵云轩2014年春拍），吴氏款云"癸巳夏日，对玉山顾氏瑞莲写照，鍊霞补鸳鸯，吴湖帆并题"。三是周鍊霞所画《仕女图》（上海朵云轩2014年春拍），吴氏题《菩萨蛮》一阕，并跋曰"癸巳中秋，润色绿蕉并题，吴倩"。

在30、40年代完全不见彼此订交的记载，但到1953年却频繁出现了各种交往的证据。无论是《佞宋词痕》中涉及周鍊霞的内容，还是吴湖帆藏品上周鍊霞的题跋，或是吴、周二人合作的书画，三者都是从1953年开始的。时间上的一致难道仅仅是一种巧合？如果不是巧合，那吴、周二人会不会就是在1953年之前不久才订交的？

我们不妨再看看陈巨来《记螺川事》的记载：

> 冒鹤亭屡屡以她诗词绝妙告于湖帆，力为介绍。二人在鹤老家一见生情……事为吴第二夫人顾抱真所知……

虽然《记螺川事》不可全信，但也并非全不可信。陈巨来对各种细节虽常常信口开河，但是对一些事情的背景也不敢完全虚构。笔者

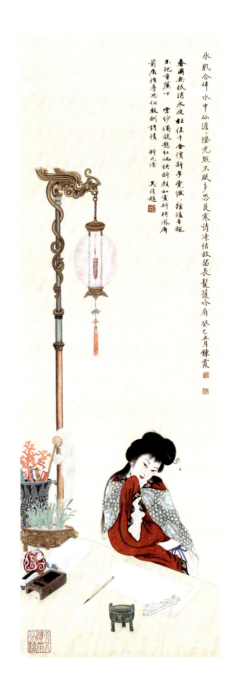

水肌合伴水中仙，澹澹澄光照不眠，多恐夜寒诗冻结，故留长发护吟肩。癸巳五月 炼霞

香雾无痕消永夜，杜住千金偿新霁，觉慵、镫、煖香振。
不把重帘下，宫纱烛谈悬红地，块醉颊如重斜倚凤屏，
前度相寻忽伽数酬诗债。醉兀余 天倩题

周鍊霞《清夜吟诗图》

吴湖帆、周鍊霞
《荷花鸳鸯图》

以为，对吴、周二人订交的背景，陈氏所云即不无参考价值。从陈巨来的叙述中可推知两点：第一，既然吴、周相交，"事为吴第二夫人顾抱真所知"，那二人订交应当发生在1942年吴湖帆续弦顾抱真之后，这也就解释了为什么在1930年代的《丑簃日记》和1940年的《绿遍池塘草》中遍寻不到周錬霞的踪影；第二，吴、周相交，既然是冒鹤亭因周錬霞"诗词绝妙"向吴湖帆"力为介绍"的结果，那订交必然发生在冒鹤亭对周錬霞的诗词造诣有所了解并予以认可后。

查《冒鹤亭先生年谱》[2]，冒鹤亭与吴湖帆倒相交甚早，在1920年代末，冒、吴二人即共同列名为编纂《清词钞》的发起人。而周錬霞第一次出现在冒氏年谱中，时间很晚，已是1951年4月的事：

> 先生七十九岁生日，同人设宴于苏渊雷钵水斋为先生祝寿，到者计卅二人，已知者有吴湖帆、陈季鸣、钱瘦铁、唐侠尘、江寒汀、周怀民、朱大可（名奇）、马公愚、吴青霞、周錬霞，三子景璠陪侍。

苏渊雷的钵水斋在上海长乐路，因有花木山石之盛，故当时常举办各种文酒雅集。在冒鹤亭七十九岁的寿宴上，周錬霞第一次出现。但在之后的一年里，年谱中都不见冒、周二人有进一步来往的记载。看来，周錬霞参加冒鹤亭的生日宴，很可能只是一次偶然的文酒之会，在与会的数十人中，冒与周都是主人苏渊雷的朋友，但二人并未因这次聚会而彼此熟识。冒与周有较多来往，是周錬霞在年谱中第二次出现后的事。（在1951年的雅集上，吴湖帆也曾与会，据后文可知，吴、周当时已然相识，但尚未订交。"订交"是指彼此结为朋友并有所来往，而"相识"只是互相认识而已。）

周錬霞第二次出现是在1952年4月，冒鹤亭八十寿宴后不久：

先生赴苏渊雷家看海棠，时钱瘦铁、唐俟尘、黄蔼农、瞿兑之、周錬霞、吴青霞合作《钵水斋看花图》，先生题一绝句，晚归。

同一月中，年谱又载：

周錬霞招邀午餐，先生赴之。同席者有孔小瑜、钱瘦铁、唐俟尘、周怀民、吴青霞。"余嘱小瑜写作，图名曰《螺川诗屋雅集》，錬霞七岁子昱中得与。"后先生作《题螺川诗屋雅集图》，"仿工部饮中八仙歌作也"。此后，钱瘦铁等人提议每周举行画会，主人轮流，先生偶与赴之数次，或集会于先生寓所数次……

冒鹤亭八十寿宴，年谱中未见周錬霞参加的记载，这恐怕是因为冒、周当时还未订交。但不久，冒鹤亭到钵水斋看海棠，与周錬霞重逢。之后，"周錬霞招邀午餐"，众画家作陪，冒、周二人从此来往渐多，彼此熟稔。1952年6月，周錬霞还为冒鹤亭八十寿辰补送了寿礼：[3]

周錬霞以寿诗扇面来呈先生，"写作均佳，今日之黄皆令也。若遇吴梅村，当有四律诗赠之"。

冒鹤亭所谓"写作均佳"（年谱中的引文系采自冒鹤亭日记手稿），是说周錬霞"写字"与"作诗"都很好。而周錬霞所作"寿诗"，其实是一阕《虞美人》词：

碧桃花上蟾光满。人与诗同健。一杯相照祝千秋。犹是当年水绘旧风流。　纷纷彩笔传南北。都作添筹客。笑扶鸠杖傲神仙。细数几回沧海化桑田。

虞美人

碧桃苍上蟾光满人与诗
同健一杯相照祝千秋犹
是当年水绘旧风流
纷采荜传南北都作添筹
客笑扶鸠杖傲神仙细数
几回沧海化桑田

壬辰三月十五日为
鹤亭词丈八十大寿

螺川周鍊霞敬祝

周鍊霞寿冒鹤亭词

周鍊霞寿冒鹤亭画

首句"蟾光"即月光，冒鹤亭生日在旧历三月十五，正值满月之际。"水绘旧风流"指冒鹤亭先人冒辟疆曾栖隐于如皋水绘园的旧事。"彩笔传南北"则说冒氏八十寿辰时收到京粤两地众多友人赠诗赠画之事。"添筹"典出《东坡志林》，据说海外神仙每见沧海变成桑田，就往屋中置一筹码，后来筹码放满了十间屋，这是祝寿的典故。结句"细数几回沧海化桑田"用《神仙传》中麻姑的典故，既指老诗人冒鹤亭阅尽了政权更迭与世事变化，又与前述"添筹"之典暗相照应。一首小令，用事遣词皆工切允当，难怪冒鹤亭读后赞不绝口，作出"今日之黄皆令"的评价。黄皆令是明清之际的女诗人，与名士大夫多有酬唱，曾作《和梅村鸳湖四章》，在当时广为传颂。黄皆令生值板荡之际，一生坎坷，曾以鬻书画自给，以之比周鍊霞，亦恰合身份。

因此，从年谱看，冒鹤亭对周鍊霞的诗词才华有所了解并予以认可，应当是在1952年6月读到周鍊霞所赠寿诗后的事，而冒以周"诗词绝妙"向吴湖帆"力为介绍"，也当发生在1952年6月之后。按前文所述，1953年元宵节，周鍊霞已在《梅花喜神谱》与《化度寺塔铭》上题写了观款。那么，吴、周订交应当是发生在1952年6月至1953年元宵节之间。

在2014年保利秋拍中，恰巧出现了一幅由吴湖帆赠送给周鍊霞的荷花图，据说来自周家后人的委托。画上吴氏自题小词一阕，款云："用晏小山《破阵子》韵写为螺川同志一粲，倩庵，壬辰七月。"壬辰七月即1952年8、9月间，这幅赠画说明两人在当时已然订交，且从落款"螺川同志"的称呼看，赠画应当是发生在两人订交之初。"同志"作为那个年代最为普遍的人际称呼，恰恰反映出二人的关系在当时还比较生疏。在同场拍卖会中，另一幅吴湖帆书集宋人词句的对联，亦为螺川诗屋旧物，落款已云："鍊霞如弟正，集宋词，癸巳新春，吴倩。"而上海图书馆所藏潘静淑影抄的《雪岩吟草》，同样是吴湖帆赠周錬霞之物，卷尾吴湖帆题："癸巳三月，赠紫宜如弟诗余赏读，倩庵手志。"从壬辰（1952）到癸巳（1953），不过半年多的时间，"螺川同志"就已变作"錬霞如弟"和"紫宜如弟"了。这种称呼上的变化，不正是两人关系在交往中日趋亲密的表现吗？同时也可看出，"同志"云云，一定是吴湖帆在两人订交之初才会使用的一种泛泛的称呼。

至此，我们已不难将吴、周二人订交的大致过程梳理如下：1952年6月，周錬霞补送寿诗，冒鹤亭读后向吴湖帆"力为介绍"，不久，吴、周订交。8、9月间，吴湖帆赠周錬霞荷花一帧以作纪念。交往数月后，吴又赠联、赠书等，对周的称呼也已从"同志"改为"如弟"。从1953年开始，周在吴的藏品上撰写题跋，与吴合作书画，还为吴抄录了《和小山词》。二人来往之频繁，关系之亲密，此时已不难想见。前述各项证据，互参并观，皆若合符节，说吴、周二人订交于1952年夏秋之际，可以定谳矣。

在吴、周订交一年多后，冒鹤亭又应周錬霞之请，在女画家所藏《花卉六段锦》（西泠印社2006年春拍）上撰写了一段跋语。《花卉六段锦》是明人陈淳所绘的六帧花卉，花卉旁有前人评语及题诗。此画最有意思之处，是在册尾已有冒鹤亭1903年为他人所写跋语，五十年后，画归周錬霞，冒鹤亭重睹此物，复作题记云：

> 五十年前为人题此卷，顷紫宜都讲出以见示……画凡六幅，每幅皆有紫岫评语，谛审之，知紫岫名席倩。紫宜方与吾友吴湖帆为文字交，紫岫、紫宜既同其字，湖帆又与席倩同名。何妨请湖帆补作六幅，紫宜自评之，使后之观者诧为联珠合璧，亦一段奇缘异事也。癸巳大寒，八十一叟冒广生识。

癸巳大寒，即1954年1月20日。原来，画上写评语的紫岫名席

吴湖帆赠周錬霞《荷花》

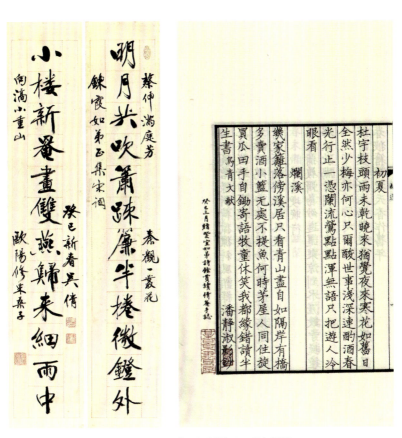

吴湖帆赠周錬霞对联　　　　《雪岩吟草》之吴湖帆题跋

倩。而周鍊霞字紫宜，吴湖帆名倩，二人名字中恰巧各有一字与之相同。因此，冒鹤亭作题跋时，联想到吴、周二人，便说"紫宜方与吾友吴湖帆为文字交"。一个"方"字，正说明在1954年初，即冒鹤亭作题跋时，吴、周二人订交还不算太久；而"文字交"云云，则可知吴、周二人在交往中是以文字切磋为主。或许有读者不解，吴、周二人皆以画家名世，为何却以文字订交？

翻开1954年影印本《佞宋词痕》，冒鹤亭的序言落款却为"庚寅八月"，"庚寅"即1950年。出版四年前就请人先写好序言，说明吴湖帆出版词集的打算由来已久。但当时，或许吴氏自知词作尚不成熟，不光自己一直在修改删订，也常常请他人润色指正。据《冒鹤亭先生年谱》，1952年2月冒鹤亭就为吴氏改定《莺啼序》词，同年3月又为

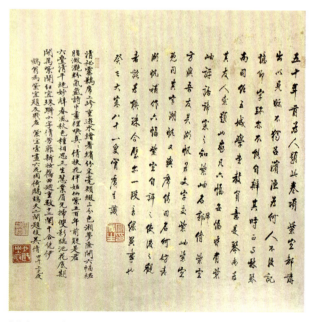

《花卉六段锦》之冒鹤亭题跋与吴湖帆题词

吴氏改定《大酺》词。当时沪上词坛，老宿凋零殆尽，而冒鹤亭年开九秩，精力也有限。恰在此时，冒鹤亭发现周錬霞"诗词绝妙"，便向吴湖帆"力为介绍"，促使二人订为"文字交"。订交后，吴、周二人联吟、唱和，既以切磋词艺为乐，又共同为《佞宋词痕》的出版做准备。1953年秋，周錬霞不光为吴湖帆抄录了全部《和小山词》，还代作了其中六首《清平乐》。1954年4、5月间，《佞宋词痕》出版，吴湖帆将与周錬霞有关的大量词作，进行了隐晦的处理，再编入词集的第五卷及外编里。1954年清明，周錬霞游杭州，归来后作《采桑子》十首寄吴湖帆。[4] 十首小词，写得情致缠绵，且每首开篇都以"填词侣"相呼。这里的"填词侣"，不正是"文字交"的另一种说法吗？其实，吴湖帆不光结交了一位"填词侣"，这位"填词侣"更成为他当时填词的灵感来源。

就在周錬霞游杭前不久，吴湖帆读到了冒鹤亭为《花卉六段锦》所写的跋语。不过，他并未按冒氏的建议补画花卉，却为"填词侣"题写了两首《鹧鸪天》：

> 清秘灵鹣席上珍。重游水绘著缤纷。采毫频缀三分色，湘梦奁开六幅裙。　脂潋滟，粉氤氲。诗中画里唤真真。倩扶花伴姑仙紫，五百年前疑是君。
>
> 六叠清平绝妙辞。春风秋色种相思。三生慧业眉先扫，双影临池花底期。　开万紫，斗红宜。珠联小字倩芳菲。新妆旧曲回重数，十二阑干合凭伊。
>
> 鹤翁为紫宜题及贱名，紫宜索画六花，因倚《鹧鸪天》二阕题后，吴倩，甲午上元夜。

在冒鹤亭提议、周錬霞又"索画"后，擅场丹青的吴湖帆为何不去作六幅花卉，却来填两首小词呢？或许对吴湖帆来说，补绘六花虽说驾轻就熟，但实在无法表达心中缠绵的情意。而词这种体裁最宜言情，且彼时吴、周二人又以文字订交，对词的创作正充满热情。填两首小词，吐露心声，或许才是对"填词侣"最好的回报。

———————

[1] 吴湖帆《丑簃日记》收入吴元京审订、梁颖编校《吴湖帆文稿》，中国美术学院出版社2004年。

[2]《冒鹤亭先生年谱》，冒怀苏编著，学林出版社1998年。

[3] 关于周鍊霞补送寿礼，还可以参看周鍊霞致许仲铭信札："好在过生日不一定要当天送礼，只要是在今年都可以送，这叫做'添寿'，不比人家结婚，日子过了，就不可以再送礼的。这是我们这里的风俗……"（北京海王村2017年秋拍）

[4]《佞宋词痕》卷七中附有周鍊霞《采桑子》十首，吴氏题云："甲午上巳，适值清明，螺川旅杭，寄怀《采桑子》十首。"然按笔者所考，周鍊霞寄给吴湖帆的《采桑子》初为六首，后才补足为十首，其事详见本书第十一章《唱予和汝》。

三　红罗荐酒

　　吴湖帆和周錬霞在1952年订交之前，是否相识？有论者以为，既然吴、周同为1932年成立的中国画会的会员，那二人应当在1930年代初就已相识。但是，这种说法纯属猜测，毫无证据支持。其实关于二人相识的经历，并非无迹可寻，我们不妨先从一首《南乡子·题画》谈起：

　　　　笔阵雁排空。白雪芦花绛雪枫。眼底流霞忺共酌，生风。斗茗才华倒印红。　喝火忆相逢。鹦语犀心一点通。双管灯前脂粉饰，谁同。待看当头月正中。

　　这首《南乡子·题画》见于《佞宋词痕》卷五。笔者曾推断，《佞宋词痕》卷五中的作品全部与周錬霞有关，那这首小词与周錬霞又关系何在呢？试检《冒鹤亭先生年谱》，发现1953年6月有云：

　　　　先生为文怀沙作《青霞画李易安像》及《湖帆画枫叶荻花錬霞补雁》两首。

　　文怀沙是冒鹤亭的弟子，与吴湖帆亦有来往。年谱中，文怀沙请冒鹤亭作题诗，其中一幅"湖帆画枫叶荻花錬霞补雁"，与《南乡子》

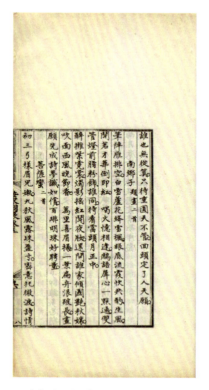

吴湖帆《南乡子》

中"笔阵雁排空。白雪芦花绛雪枫"正相吻合，描绘的都是枫叶、芦荻和秋雁。再从《南乡子》"双管灯前脂粉饰""待看当头月正中"来推断，词中所写也正是二人双管齐下、合画枫芦秋雁到深夜的情景。那么，《南乡子》会不会就是题咏吴、周二人合画枫芦秋雁的韵事呢？

在广东崇正 2018 年春拍中，笔者发现了《南乡子》的原稿，词序云"合作《水村芦雁图》"。只是合作者是谁，仍旧没有说明。如果画中之雁真为周鍊霞所补，那词中先咏秋雁，次写枫芦，以示对周的尊重，倒颇合情理。而"眼底流霞饮共酌"，点出"霞"字，也不无暗示此词与周鍊霞有关的意思。所谓"流霞"，既可能指天边的晚霞，也可能是形容如流霞般的美酒。或许，吴湖帆一边与周錬霞"共酌"美酒，一边看她笔下"生风"，添补秋雁。

至于上片末句"斗茗才华倒印红"，则是对合画之人的称赞，这里用了两个典故。一是赵明诚、李清照夫妇的典故。赵明诚与李清照常常在饭后斗茶，猜某事在某书某卷第几叶第几行，猜对者可以先饮。因此，"斗茗才华"即指女词人的才华。二是赵孟頫、管道昇夫妇的典故。元人吾竹房有印镌"好嬉子"三字，即当时俗语"好玩"的意思。一次，吾氏将"好嬉子"印倒钤在管道昇的画作上，别人以为盖错了，赵孟頫看后却说："没有错，他是说妇人会作画，倒好嬉子（倒也好玩）。"后来，"倒印红"就成为形容女画家的典故。

与吴湖帆关系密切，又符合女词人和女画家双重身份的，只有两人：一是潘静淑，二是周錬霞。翻检《佞宋词痕》，可知正编五卷都是按特定内容严格分卷的，其中与潘静淑有关的词作已全部收入卷一，且多为哀感悼亡之作，如为题画词，也一定会写出画名，并尽量注明本事，吴湖帆实唯恐他人不知其伉俪情深。而这首《南乡子》却收入卷五，且情调欢娱，又隐去了画名。除周錬霞外，岂能有他人？这里，吴湖帆既夸赞周錬霞有女词人兼女画家的才华，同时又不无以赵明诚和赵孟頫自许并暗表君子好逑的意思。我们知道，赵明诚是金石收藏家，赵孟頫是书画家，均极贴合吴氏的身份。而周錬霞与吴湖帆相较，诗词虽过之，书画却不逮，恰如李清照之于赵明诚、管道昇之于赵孟頫。因此，这两个典故可谓使用得十分巧妙。[1]

不难看出，《南乡子》虽云题画，其实只是从画中的枫芦秋雁起笔，转笔即称赞合画者周錬霞的才华，最后再回忆二人合画到深夜的情景。通观全词，唯"喝火忆相逢。鹧语犀心一点通"尚不易解。"喝火""鹧语"云云，倒不难猜出是《喝火令》和《鹧鸪天》这两个词牌的简称，但它们与吴、周二人有何关系？《喝火令》是怎样"忆相逢"？

《鹧鸪天》又如何"一点通"？

2016年初，笔者在上海图书馆查阅《佞宋词痕》手稿一时，发现吴湖帆《喝火令·和錬霞》之后所附周氏的两首小词恰恰是《喝火令》与《鹧鸪天》：

喝火令

　　酒倩红罗荐，诗催碧玉敲。小楼深夜雨潇潇。采笔生来花并，相对洒冰绡。　　芳草春仍遍，池塘梦易消。只从粉本识丰标。不见莲踪，不见窄裙腰。不见惊鸿照影，依旧绿波遥。

鹧鸪天

　　百感人间绮语生。鹧鸪啼破一声声。笔画旖旎淋漓处，鬓影参差飘渺情。　　真与幻，醉还醒。行云流水本无凭。天涯芳草迷沉绿，只为通犀一点灵。

据词前小序"题《绿遍池塘草》图画册"，可知两词原是周錬霞为吴湖帆悼念亡妻的纪念册《绿遍池塘草》所题，大约写于吴、周二人订交之初。其中，《喝火令》已收入《女画家周錬霞》，而《鹧鸪天》却为集外佚作。不难发现，《鹧鸪天》结句"只为通犀一点灵"，不正是《南乡子》中的"鹧语犀心一点通"吗？那么，"喝火忆相逢"是不是说《喝火令》与"忆相逢"有关呢？

按《喝火令》的大意倒不难解，是说吴氏夫妇当年妙笔成双，相对作画，过着神仙眷侣般的生活，如今春草依旧，好梦易消，后人却只能凭悼念画册来想见潘静淑昔日的丰采，而无缘一睹斯人的容貌了。整首词中，唯"酒倩红罗荐，诗催碧玉敲"看不出与潘静淑有什么关系。这两句词到底含义如何？它们会不会与"忆相逢"有关？

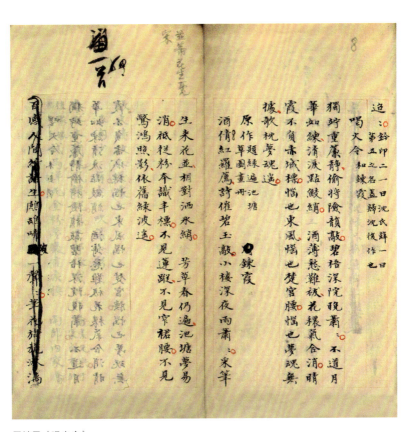

周鍊霞《喝火令》

在《佞宋词痕》正编五卷中，笔者发现吴湖帆词中有不少篇什提到了"红罗荐酒"，而这些篇什恰恰又都编入与周錬霞有关的第五卷里。如再细细揣摩，我们发现凡提及"红罗荐酒"者，无不与"相逢"有关。这里举卷五中的三首为例：

柳梢青

怕识干戈。箫吹碧玉，酒荐红罗。知己平生，相逢有几，愁外消磨。　年光流水如波。凭危阑、纹犀奈何。风雨无情，燕莺能惜，花底春多。

少年游

红罗酒倩意丝丝。依旧好风姿。多少缠绵，几经怜惜，人语怕归迟。　修蛾点绛情何限，纤手捻花枝。讳道相思，暗期密约，只有两心知。（重逢）

洞仙歌

携手联吟惯。把池水隐隐，春风吹浅。想青笺嫩约，紫箫深院。缃桃掩映宜人面。荐酒罢、盈盈留一盼。红罗绾。道不恨相逢，何处重经晚。　缱绻。暗期草草，絮语匆匆，会少情长，况似染骨相思，换得碎心如剪。双栖好梦梁间燕。纵惹爱沾身花雨遍。尤眷恋。自翩翩、极目潇湘又无限。并步散。待了却从头愿。便飞来飞去，翠楼帘卷寻常见。

为什么凡提及"红罗荐酒"者，都会与"相逢"有关？笔者以为，这里的"相逢"，就是初次相识的意思。周錬霞《喝火令》之"酒倩红罗荐，诗催碧玉敲"，其实就是吴、周二人初次相识的场景。而吴湖帆

《南乡子》云"喝火忆相逢",正是说周錬霞的《喝火令》中有回忆吴、周二人初次相逢的句子。

第一首《柳梢青》之"箫吹碧玉,酒荐红罗",不就是周錬霞所说的"酒倩红罗荐,诗催碧玉敲"吗?之后"知己平生,相逢有几",则是吴湖帆感叹在自己一生中也遇不到几个像周錬霞这样的知己。第二首《少年游》亦见于《佞宋词痕》手稿一,手稿中词后注有"重逢"二字。故知"红罗酒倩意丝丝"是吴湖帆初逢周錬霞时的场景,而"依旧好风姿"则是后来重逢时的感受。第三首《洞仙歌》"荐酒罢、盈盈留一盼。红罗绾",是对初逢时细节的追忆。"道不恨相逢,何处重经晚",则是词人感慨与周錬霞重逢太晚的意思。

至此,我们可以断定,"酒倩红罗荐,诗催碧玉敲"就是吴、周初次相逢的场景。因此,周錬霞作《喝火令》时,才写此二句先回忆自己与吴湖帆初识的经历,之后才将笔锋一转,续写悼念潘静淑的内容。后来,吴湖帆在题咏与周錬霞合作的《水村芦雁图》时,想到女画家还曾为自己填写过《喝火令》与《鹧鸪天》,便以"喝火忆相逢。鹂语犀心一点通"两句来纪念二人之间的这段翰墨因缘。

至于"酒倩红罗荐",据《洞仙歌》之"红罗绾",可知能被绾起的"红罗"必定是红罗袖,用红袖代指女性,为诗词中所习见。而"诗催碧玉敲",据《柳梢青》之"箫吹碧玉",可知词中的"碧玉"即"碧玉箫"。这两句词的含义,当是说吴、周初识于某次文酒之会上,当时周錬霞曾向吴湖帆荐酒,席间还曾发生过吹箫赋诗等韵事。

笔者不惮辞费,解读吴湖帆的《南乡子》,考证周錬霞的《喝火令》,都是为了引出吴、周二人初次相逢的经历。而《佞宋词痕》外编《和小山词》中还有一首《少年游》,也同样与吴、周初逢有关:

　　绿杨连苑,绯桃露井,袖印亚阑红。诗寻燕语,歌酬莺款,

绰约美人风。　　芳菲会上，丹青引里，几度忆曾逢。可念当初，
无言一笑，临别太匆匆。

　　首句"绿杨连苑，绯桃露井"与《洞仙歌》之"紫箫深院。缃桃
掩映宜人面"（暗嵌"紫宜"二字）何其相似？应该都是对吴、周二人
初逢环境的真实描写，而非一般的泛泛之笔。第三句"袖印亚阑红"
不由让人想起"荐酒"的红罗袖。而下片"丹青引里，几度忆曾逢"，
若与《和小山词》中另一首《鹧鸪天》之"丹青引里早生逢"合看，
可知两词背后必有相同的本事，一定都隐藏着词人与某位女主人公相
逢的一段故事。如果再检《佞宋词痕》手稿卷九，我们发现吴湖帆还
有《珍珠帘·次陆放翁韵为螺川〈珍珠集〉》云："天生慧业芳苕处。
引丹青，记得蘋洲初遇。"这恰恰又可证明，吴、周二人"初遇"之时，
听到的正是"丹青引"这首曲子。[2] 只可惜当时萍水匆匆，二人并未
熟识，不过周鍊霞临别之际的"无言一笑"，还是给吴湖帆留下了深刻
的印象和美好的回忆。

　　至于这样浪漫的相逢到底发生在何时？在上海图书馆所藏《佞宋
词痕》手稿三中，笔者又发现一首吴氏佚作《抛球乐》，可以为我们提
供一点线索：

　　　　十载相逢晚景投。词心可可两绸缪。蓝田片玉千金暖，清梦
　　春宵一刻稠。重缀鸳鸯谱，爱宠声名画里修。

　　从手稿上的修改痕迹看，"词心可可两绸缪"原作"红罗荐酒意绸
缪"。此处再次可证，吴词中凡提及"红罗荐酒"者，无不与"相逢"
有关。然而这里更重要的信息，是首句"十载相逢晚景投"。"晚景投"
者，晚年投契订交之意。按前文所考，在吴、周订交的1952年，周氏

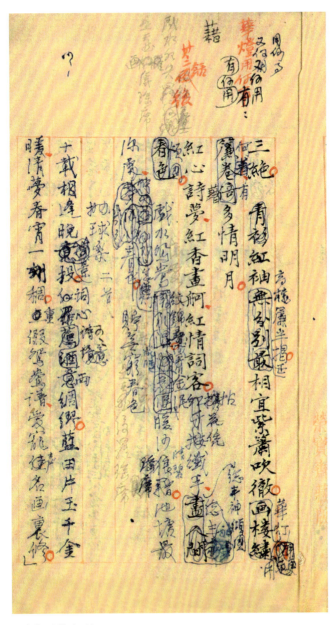

吴湖帆《抛球乐》

虽未满五旬，而吴氏已年近六十，故词中曰"晚景"。这一句自然是说吴湖帆与周鍊霞相识十载，才于晚年投契订交。

依前人干支纪年的习惯算法，从1952年往前倒推"十载"，吴、周相逢很可能是在1943年。又因《洞仙歌》有"缃桃掩映宜人面"，而桃花的花期一般是在阳历3、4月间，那吴湖帆与周鍊霞很可能相逢于1943年的春天。

极为巧合的是，笔者曾于1943年4月1日的《社会日报》上，读到主编陈灵犀的一则《猫双栖楼随记》：

> 星期六之夕，雄白先生宴海上劳斋，湖帆、笙伯、待秋、唐云、叔孺、若瓢、青山农、天健、瘦铁、清磬、楚生、公愚、野萍、午昌、雪泥、光弟、幼蕉、阿稳诸君子，暨鍊霞、左玉、青霞女士等，俱列席。翩翩群展，谈笑风生，诸君都妙笔生花，清才绝世，其书其画，无不纸贵洛阳，名重鸡林，以主人盛情雅意，乃纷纷摘笔泼墨，写图以留纪念，顷刻成二十余帧，俱皆妙趋自然，活色生香。而湖帆先生辈，多已封笔，不复临池，亦以雄白先生之请，慨然走笔，虽着墨无多，而雅韵欲流，尤觉可珍也。来宾凡五席，肴出邺厨，风味绝胜，其地又整洁绝尘，陈设清幽，坐谈灯前，心神都怡，故至深宵两时，始尽兴而散……

文中的"星期六"是1943年3月27日，"雄白先生"即金雄白。彼时金氏正主办《海报》，故与沪上画家文人多有来往。而金雄白招邀的这次文酒之宴，时间上正好和从1952年往前推"十载"相吻合，而且恰是在"缃桃掩映"的季节里。笔者曾查阅过大量上海小报，在所见1940年代周鍊霞参加的聚会中，这也是最早一次有吴湖帆共同参加的记载，不能不说实在是太巧合了！[3]

　　然而，我们仍不能因此就认定这是发生"酒倩红罗荐"的那次雅集。因为，陈灵犀的文章未提及任何与"红罗荐酒""碧玉吹箫"或"丹青引"有关的信息，而且，吴词中所谓"十载"，也未必就是整整十载，不排除只是大概十载的可能。不过，吴、周二人相识于1940年代初，还是可以断定的。只是十年之后，二人竟能彼此投契，成为人生知己，这恐怕又是他们当初自己都未曾料到的。

―――――――

　　[1] 检《吴湖帆文献》（上海书画出版社2018年），发现《南乡子》另有一初稿，异文甚多，词云："笔阵雁排空。恰称当年倒印红。点点珠玑倾咳吐，生风。斗茗才华采若虹。喝火忆相逢。鹣语犀心一点通。又是羊车过处近，分冬。待看当头月正中。"款云："南乡子，十一月十四夜。"按词中"分冬"，当指沪俗"冬至前三日罢市，交贺如岁首……互结宴，名'分冬酒'……"（见清嘉庆《松江府志》）又按1953年冬至在旧历十一月十七日，前推三天，正是"十一月十四夜"。据此，我们也可断定《南乡子》的初稿是在1953年的"十一月十四夜"所作。或许，《南乡子》所题之画，与1953年6月文怀沙所得的"湖帆画枫叶荻花鍊霞补雁"并非同一幅。正如吴、周曾合作过多幅《鸳鸯荷花图》一样，二人合作的《水村芦雁图》也未必只有一幅。

　　[2] 词中的"丹青引"或许指荀慧生的名剧《丹青引》。此剧是关于大画家董其昌的爱情故事，在当时流传颇广，荀慧生即凭此得入"四大名旦"之列。

　　[3] 在1952年吴湖帆、周鍊霞订交之前，已知二人共同参加的文酒雅集，除1943年金雄白举办的这次筵席和1951年冒鹤亭的生日宴（见第二章《文字订交》）外，还有上海图书馆祝淳翔兄检出的老凤《花月小宴记》（《大上海报》，1945.8.8）云："前日之夕，香雪阁主人举行花月小宴，应邀而到者为包天笑、吴湖帆、平襟亚、平佐文、陈定山、汪亚尘、范烟桥、徐卓呆、周瘦鹃、丁慕琴、贺天健、李常觉、郑子褒、丁惠康等各位仁兄先生，及定山夫人十云，周鍊霞、王渊两女士……"

四 分浅交亲

有关吴湖帆和周鍊霞之订交，陈巨来《记螺川事》中说："冒鹤亭屡屡以她诗词绝妙告于湖帆，力为介绍。二人在鹤老家一见生情……"似乎，在冒鹤亭的介绍下，吴、周二人是一见钟情，但事实真的如此吗？在吴、周订交之初，二人间究竟还发生过哪些故事？

检《佞宋词痕》手稿一，有《清平乐·次小山韵十首子月之望》，十首小词后来亦收入影印本《和小山词》中。然而细读手稿，笔者发现在每首词作之上，还依次写有"二、六、七、一、五、四、三、八、九"，再往上，又写有"3、9、10、1、7、5、4、12、11、2"。稍加揣摩，不难猜出最上面的阿拉伯数字其实是十首小词后来收入影印本中的顺序。原来，十首《清平乐》在编入影印本《和小山词》时，作者对词作的顺序进行了很大的调整，而手稿上的中文数字和阿拉伯数字，正是作者两次排序时所留下的标记。

不过，无论是手稿本中还是影印本中的顺序，都与晏几道《小山词》的原本顺序不同。[1] 而作者煞费苦心的两次排序，显然也不是出于艺术上的考虑。那作者的目的到底何在？笔者发现，《佞宋词痕》手稿中的很多修改，都是作者为了隐讳自己和周鍊霞的亲密关系。那十首《清平乐》的顺序被刻意打乱，会不会也是如此？换句话说，如果十首小词按最初的顺序一一解读，是不是可以看出词作背后所隐藏的一些故事？

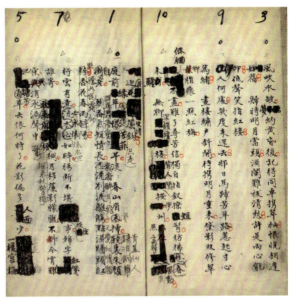

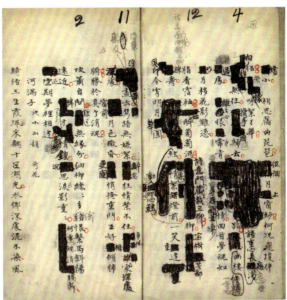

吴湖帆《清平乐》
十首

我们不妨先依稿本顺序，看看前四首 [2]：

一

风吹水皱。梦约黄昏后。记得同车携翠袖。恨晚相逢如旧。
归时明月当头。酒阑难袯清愁。许是两心能印，低声笑指红楼。

二

伊人何处。几度来还去。那日马蹄芳草路。惹起寸心万绪。
画楼绣户斜开。待携明月重来。黛影双修翠柳，脂痕一点红梅。

三

低徊不尽。难了寻芳信。独自拈钗撩短鬓。仿佛愁春未醒。
无聊深锁琼楼。背人闲唱伊州。燕子飞归风动，迎花先卷帘钩。

四

庭前绿草。只恨芳菲早。淡淡春山眉浅扫。绿盖青羊未老。
寻思语重心长。几番醉月飞觞。不觉红情斜照，娇如花露初阳。

前四首可看作十首《清平乐》的第一段落。

第一首写酒筵散后，词人与某女主人公同车而归，二人都觉一见
如旧，却又恨相逢太晚。临别之时，已然明月当头，或许真是彼此心
心相印，词人刚想打探女主人公所居何处，"美人一笑褰珠箔，遥指红
楼是妾家"。这位善解人意的女主人公究竟是谁？按词中"许是两心能
印"，正是化用周鍊霞的名句"但使两心相印"。而"恨晚相逢如旧"，
也正是吴湖帆在涉及周鍊霞的词作中常常会使用的一个意象。

前文已证，吴湖帆和周鍊霞订交时，已年近六十，与顾抱真结褵
也已逾十载。因此，一提及周鍊霞，吴湖帆每每会流露出"恨晚相逢"
的意思。如《朝中措》"只恨相逢太晚"（《佞宋词痕》卷五）；《洞仙歌》
"道不恨相逢，何处重经晚"（《佞宋词痕》卷五）；《玉女摇仙佩》"恨

晚恰逢，相怜多感"(《佞宋词痕》卷六)；《更漏子》"相逢迟，相印久"(《佞宋词痕》卷七)等等。就连友人杨千里也看出了吴湖帆对周錬霞的心思，故在为《佞宋词痕》所题的《徵招》中开起了他们的玩笑，杨词云："况螺鬟清妙……却赢得知音玉貌……悔相逢不早。"不难看出，"悔相逢不早"正是吴在与周交往中的一个心结，一种遗憾。词人越是感到相印之深，就越是后悔相逢之晚。

因此，笔者认为"恨晚相逢"的女主人公正是周錬霞。后面二、三两首紧承第一首而来，第一首写男女主人公同车而归，第二首写男主人公别后之相思，第三首写女主人公别后之闲愁，次第井然，脉络清晰。而第四首却像一个倒叙的电影镜头，一下子把读者又拉回到分别之前的酒筵上，这是吴湖帆在追忆与周錬霞"醉月飞觞"的韵事。

第四首说春草尚且萋萋，春芳却零落过早，不过淡扫眉黛的伊人，并未随春天一起变老。说"绿盖"车中、"青羊"镜里佳人"未老"，也正是因为女主人公周錬霞已是有了一点年纪的人。末两句"不觉红情斜照，娇如花露初阳"，说周氏晕红的双颊如夕阳斜照，而脸上的汗珠又像晨光下花朵上的朝露。状周錬霞醉后之貌，极为传神。

从第五首至第七首，是这组《清平乐》的第二段落。三首词中，吴湖帆忽将笔锋一转，词人的情绪也从欢娱走向了悲凉：

五

行云有意。流水心如碎。肠断不堪提往事。锦字红笺谁寄。
风来秋警梧桐。月移帘影朦胧。不料今宵难寐，与消漏永声中。

六

池塘春草。去恨何时了。花影偏多人面少。一样官梅娇小。
相思旧曲琵琶。低徊新月窗纱。何况飞琼伴侣，萦怀咏絮才华。

七

　　向程无住。携手同归去。语密言长忘浅路。转眼画楼过处。离离心印常青。依依景触牵情。回首梦魂如昨，月移花影难凭。

　　第五首"肠断不堪提往事"，到底是什么往事让词人不忍提起？按第六首"池塘春草"，显然是用潘静淑"绿遍池塘草"的名句，之后"一样宫梅娇小"，也不由让人联想到吴、潘二人曾同住的梅影书屋。从三首词中所透露出的各种消息看，吴湖帆所"景触牵情"者，当是他与亡妻潘静淑的旧事。

　　或许有读者不解，为什么在谈及周錬霞的四首词后，会忽然插入悼念潘静淑的三首？笔者以为，人在情感上本就是十分复杂的，在产生新恋情的初期，往往会勾起对昔日恋情的回忆。尤其潘静淑与吴湖帆琴瑟相和，却不幸中年猝逝，这对吴氏的打击不可谓不沉重。我们无论读《丑簃日记》还是读《佞宋词痕》中吴悼念亡妻的文字，都能感受到吴湖帆那种痛彻心扉的悲戚。可以说，正是因为周錬霞的出现，才又拨动起吴氏沉寂已久的心弦。因此，这三首词的转折从内容上看，虽似显突兀，但从词人的情感脉络上讲，却又是极为自然且顺理成章的。

　　最后三首是这组小词的第三段落。词人将镜头重新对准周錬霞，写重逢、表白、被拒的三部曲：

八

　　脂香沾袖。如醉葡萄酒。诗意门藏栽五柳。宝树芳邻彩寿。动人似叩心弦。柔情都绕灯前。一笑眸回凤印，今宵明月华圆。

九

　　敷文尽去。隽语无嫌絮。醉意狂情禁不住。争似谁家深处。

窗前月色微昏。更阑悄掩重门。正好相倾肺腑，胜于真个销魂。

十

吹箫自问。难道无缘分。细柳丝丝多结恨。系马斜阳远近。怜才多少情钟。沉思泪影重重。何事魂销肠断，还期梦里相逢。

第八首写某次寿宴上吴与周相遇并对其动心。开篇说周鍊霞的脂香无意间沾上了词人的衣袖，让词人闻后如醉葡萄美酒。之后"诗意门藏栽五柳"，是说吴湖帆见到周鍊霞后，所作的诗词中便常常隐藏着像五柳居士陶渊明一样不合礼教的"闲情"。上片末句的"彩寿"，是点明相遇的地点在某次张灯结彩的寿宴上。"宝树芳邻"，用王勃《滕王阁序》之"非谢家之宝树，接孟氏之芳邻"，是吴湖帆谦称自己虽不像谢家子弟一样出色，却有幸能结识如周鍊霞这样有才华的朋友。下片"一笑眸回凤印"，稿本原作"一笑重逢凤印"。笔者怀疑，吴、周"重逢"的这次"彩寿"，很可能就是前文所举1951年冒鹤亭七十九岁的生日宴。吴、周在1940年代相识后，笔者所知二人最早的"重逢"也正好是在这次寿宴上。更巧的是，冒鹤亭生于旧历三月十五，与吴湖帆填词的"子月之望"，又都是"明月华圆"的时候。而"凤印"者，昔日之印象。"一笑眸回"者，不正是记吴、周初逢的《少年游》中"可念当初，无言一笑，临别太匆匆"吗？最后两句或是说，在冒氏寿宴上见到周鍊霞的回眸一笑，让吴湖帆又忆起了"红罗荐酒"时的昔日印象；而重逢那晚的月亮，也正像今宵填词时一样团圆。

之后第九首，是说周鍊霞的谈吐虽尽去雕饰而隽永有味，词人对她的情意也已到了不可控制的地步。一次月色微昏、重门悄掩之际，词人借机倾诉了自己的相思之情，算是大胆表白。至于表白后结果如何，第九首中并未明讲，但从第十首"吹箫自问。难道无缘分"来看，则明显是遭到了周鍊霞的拒绝。其后"多结恨""泪影重重"，更可看出词人被拒后已是伤心至极。既然这段感情在现实中无望成就，那"魂销肠断"的吴湖帆，也只能期待与意中人"梦里相逢"了。

至此，我们是不是能够理解为什么吴湖帆要不厌其烦地打乱十首小词的顺序？

因为按照最初的顺序，我们发现十首《清平乐》原来是一组特殊的联章体，虽可分作三个段落，但背后却隐藏着一条脉络连贯的情感主线。为了怕读者看出端倪，吴湖帆在整理《和小山词》时，才将后来续作的两首《清平乐》与这十首合在一起，再把十二首的顺序全部打乱。今天，如果我们按照影印本的顺序来读，实在看不出一首首小词之间到底有何联系。而如果恢复了手稿本的最初顺序，则十首词背后的故事，还是不难寻出各种痕迹与线索的。

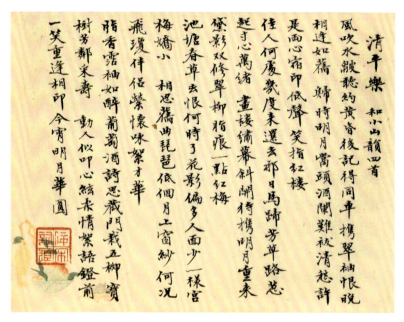

吴湖帆《清平乐》四首

　　十首小词词序中的"子月之望"（影印本中已删去），即旧历十一月十五日。因为吴、周二人订交于壬辰（1952）夏秋之际，而《侫宋词痕》手稿一收词又止于癸巳（1953）秋，所以这里的"子月之望"只能是壬辰年十一月十五日，即西历1952年12月31日。此时距吴、周二人的订交还不算太久。

　　在吴、周二人订交之初，他们的关系究竟如何，我们一直缺少可靠的材料。从对十首《清平乐》的解读来看，二人的感情发展也并非一帆风顺。至少可以确定，在1952年底，周鍊霞曾拒绝了吴湖帆的表白。因此，二人当时的关系绝非"在鹤老家一见生情"那样简单。

　　其实，从常情推断，彼时吴湖帆与续弦顾抱真尚为合法配偶，他对周鍊霞的表白本来就是逾礼之举。而周鍊霞的夫婿徐晚蘋虽远去台湾多年，但在法律上，徐、周二人的婚姻关系也并未解除。使君有妇，罗敷有夫，这样的感情如何能轻易成就？而遭到拒绝的吴湖帆，是不是从此只能与周鍊霞"梦里相逢"了呢？

　　检《侫宋词痕》卷五之《蝶恋花·次周清真韵二首》，我们不难从中找到答案：

　　　　絮话回车从别后。意托心悬，待月斜凭牖。不道相思如中酒。依稀梦里携纤手。　墙上三竿红日透。睡起惺忪，倦眼呈娇秀。好事联吟词数首。匆匆离会情如旧。

　　　　酬唱心诗情已定。分浅交亲，深爱如瓶井。霞佩云裳衣炯炯。水流不放容华冷。　月下吹笙花底影。鹦鹉帘前，红叶防窥听。漫捻香囊撩扇柄。轻歌低按声同应。

　　两首小词亦见于《侫宋词痕》手稿一。手稿一中《蝶恋花》之后隔一首就是写于1953年初的《清平乐·上元》，因为手稿一大体是按

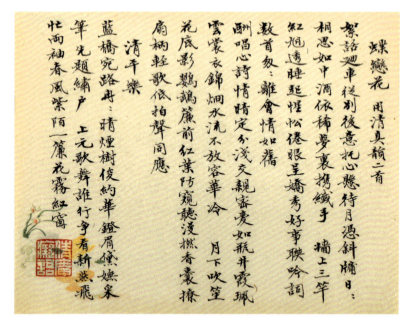

吴湖帆《蝶恋花》二首

时间编排的，所以我们推算这两首《蝶恋花》大概也是写于1953年的年初。从时间上看，恰恰是吴湖帆被周鍊霞拒绝后不久。

第一首"絮话回车"是说吴、周二人絮语不断，在依依惜别后吴湖帆才调转车头而归。而别后吴氏意托心悬，相思如醉，以致在梦中又与意中人携手相会。下片"墙上三竿红日透"三句，则说吴湖帆异日相访时，周鍊霞尚睡眼惺忪，但在吴的眼中，却又别有一种娇秀之态。之后"好事联吟词数首"，是写二人订交初期酬唱联吟之常事。而"匆匆离会情如旧"，不正暗指之前曾发生过一件可能会影响二人关系的事，但最终并未影响，二人还是感情如旧吗？这里可以看出周鍊霞在拒绝了吴湖帆的表白后，并没有改变对吴的态度，因此吴、周间的交往和感情还是一如往昔。

第二首"酬唱心诗情已定",当然不是两情已定,而只是吴单方面明确了自己的感情。其后"分浅交亲,深爱如瓶井",则可窥见吴当时的心境已经发生了微妙变化。"分浅"二字,当然还是作者在被意中人拒绝后感叹彼此缘分太浅;但"交亲"二字,却透露出他们的关系在交往中又日渐亲密;之后"深爱如瓶井",是用白居易《井底引银瓶》诗的典故,比喻男女之间的关系如从井底拉起银瓶一样易碎易断,难以成全。再之后"霞佩云裳"两句,是赞美周氏服饰华美又驻颜有术。而"月下吹笙"数句,则可知二人在文酒之余,各种韵事亦复不少,这些无疑都是吴、周当时往来频繁的见证。[3]

看来,在1952年底,吴湖帆表白失败后虽曾一度"魂销肠断",但周鍊霞对此却毫未介怀,也没有拒绝与吴继续来往。因此二人的关系不仅没有疏远,反而在1953年初还变得更为亲密。不过,因为曾被拒绝的经历,吴湖帆对这种亲密关系又极度缺乏安全感,认为二人之间的感情如"银瓶悬井"一样并不牢固。

《佞宋词痕》卷五中还有一首《过秦楼》,也体现了同样的心境:

> 紫陌花秾,绿窗人静,漫说几番魂断。沤波画好,漱玉词工,绮思淡传罗扇。无奈醉醒未知,消却流年,物华如箭。但金钿卜鬓,银瓶悬井,意亲还远。　曾记得、倦客餐霞,鲛人霏泪,更是印心红染。西厢待月,南苑吟风,一样柳眠三变。凭道闲忙为谁,愁绪牵伊,花扶人倩。对余春旖旎,光烂明星万点。

从开篇"紫陌花秾"和篇末"余春旖旎"来看,此词所写已是1953年暮春之事。词中用"紫"用"霞"等,都是嵌周氏的名号。上片"沤波画好,漱玉词工",与前文《南乡子》"斗茗才华倒印红"一样,并用赵孟頫和李清照的典故,暗点吴、周二人的身份。下片"花

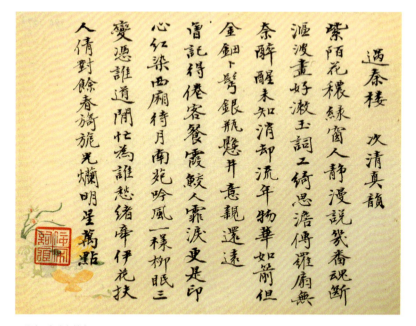

吴湖帆《过秦楼》

扶人倩",更是用周氏"人醉花扶。花醉人扶"的名句。[4] 毫无疑问,这位牵惹"愁绪"的伊人即周鍊霞。其中,"银瓶悬井,意亲还远"与"分浅交亲,深爱如瓶井"遣词用典也几乎全同,都是在表达吴湖帆当时既纠结又无奈的心理。

我们可以想象,从"难道无缘分"到"分浅交亲""意亲还远",一方面,吴湖帆认为在被周鍊霞拒绝后已经没有能够成就感情的希望;而另一方面,他又被周鍊霞深深吸引着,以至无法放弃与周鍊霞继续来往。此时,吴湖帆是既享受着彼此的亲密关系,又忍受着因感情无法实现而给自己带来的纠结和痛苦。人生面对感情的难题,往往会患得患失又束手无策,当年的吴湖帆也正是如此。

————————

[1]《小山词》"原本顺序"指汲古阁本与彊村丛书本中十八首《清平乐》的顺序。

[2] 本章所引十首《清平乐》的顺序依《佞宋词痕》手稿一，文字则以《佞宋词痕》五卷本定稿为准。

[3]"月下吹笙"，或实有本事，亦或只是用王子乔骑鹤吹笙的典故，来泛指吴、周二人悠然自适的仙道生活。按《佞宋词痕》中与周錬霞有关的词作常常用此，如《木兰花慢》"一笑琼楼倚月，相将花院吹笙"（卷五）；《绮寮怨》"吹笙并坐处，欢未零"（卷六）；《洞仙歌》"问细镂、双心几时逢，向月下吹笙，瑶台同到"（外编）；《少年游》"琼宴展蛾眉。花院弯笙并坐吹"（外编）；《斗婵娟》"纵脉脉离多会少。相逢月下吹笙好"（手稿卷九）。

[4] 周錬霞《采桑子》云："当时记得曾携手，人醉花扶。花醉人扶。羞褪红香粉欲酥。 而今只是成相忆，灯背人孤。人背灯孤。千种思量一梦无。"冒鹤亭云："余所喜螺川之作，则为《采桑子》词，有云'人醉花扶，花醉人扶'，又云'灯背人孤，人背灯孤'，尝举以语人，以为此十六字置之《花间集》中，几于乱楮。"（见《螺川韵语序》）在冒鹤亭将周錬霞介绍给吴湖帆后，吴湖帆也同样对《采桑子》倾倒不已，常常在《佞宋词痕》中化用。如《解语花》"记花娇人倩，红袖扶冶"（卷五）；《倾杯乐》"正是月圆梦好，花秾醉软，凭伊扶倩"（卷八）；《鹧鸪天》"倩扶花伴姑仙紫，五百年前疑是君"（补遗）；《西江月》"春来魂断问花枝。可也堪扶我醉"（外编）；《南乡子》"红袖回扶明月伴，相期。慧业芳菲两未迟"（外编）；《贺新郎》"惹相思、海棠亭畔，醉扶还倩"（手稿卷九）。

五　上元梅影

1953年，吴湖帆六十岁了。

表面看，吴氏仍醉心于填词作画，与诗朋酒侪文宴不断，日子闲适且优雅。不过经济上，昔日的"海上画坛盟主"却已日渐窘迫。早在1952年上半年，吴湖帆就开始出售珂罗版印书画册，一册一千元。同时，他还准备将家藏铜器售与上海市文管会，作价一亿元。[1]另据坊间所见吴氏书札，1952年底，吴湖帆又将吴镇《画竹轴》等三种，售与中央文化部社会文化事业管理局，作价六千万元，用以度日。[2]

虽然，类似的出售行为还不至于对吴氏的收藏产生太大影响，在上海嵩山路88号梅景书屋中，吴湖帆的珍藏仍不失为那个时代"最后的辉煌"。如"四欧宝笈"、米芾《多景楼诗册》、《梁永阳昭王敬太妃双志》、宋器之《梅花喜神谱》、黄公望《剩山图》等等，皆可谓国宝级重器。其中，今日已庋藏于上海博物馆的《梅花喜神谱》，可谓吴氏当年最珍爱的藏品之一。我们不妨从此谱说起，看一看癸巳上元（1953年2月28日）这一天，吴湖帆和周鍊霞之间的故事。

（一）

《梅花喜神谱》是一部描绘梅花从蓓蕾初开到飘零欲谢全过程的画谱，作者宋器之，南宋人，因宋时俗称画像为"喜神"，故以此为名。

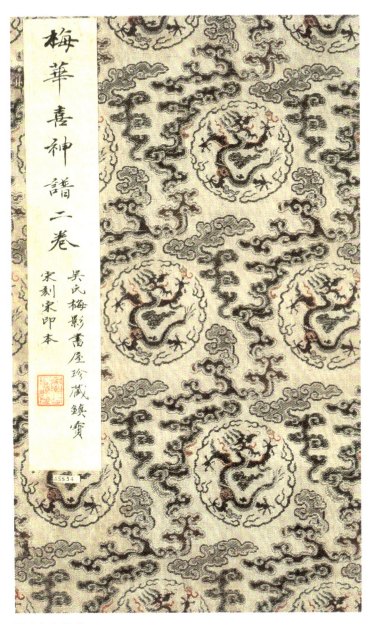

《梅花喜神谱》封面

冯超然绘宋器之像

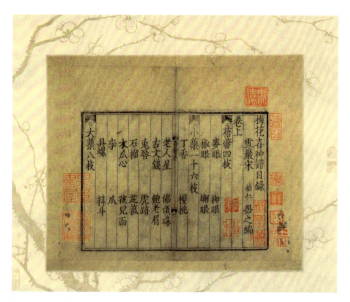

《梅花喜神谱》目录

而梅景书屋所藏者，原为明代书画家文徵明及清代藏书家黄丕烈旧藏，它既是宋刻孤本，又是我国现存最早的木版画谱，可谓弥足珍贵。

书末有吴湖帆题记，记得书因缘云：

> 元旦往外家贺岁，得观此书，诧为眼福。越十二日，内子三十诞辰，外舅即以此书授女为仪，余得永永读之，岂非厚幸。与茏翁所得时同为辛酉，堪称奇遇。元宵灯下，吴湖帆题记。

其后亦附潘静淑一跋：

> 先伯父文勤公旧藏宋刻梅花谱二册，辛酉正月灯节，当予三十初度，父亲举以锡予，宝之。静淑女史潘树春敬记。

据此可知，《梅花喜神谱》原是辛酉（1921）年潘静淑三十诞辰时，吴湖帆的岳父潘祖年送给女儿的生日礼物。因为吴、潘二人皆爱梅成癖，所以得书后珍爱异常，纷纷在书末写下跋语，以志欣喜。然而更引起笔者注意的，是在吴氏夫妇的跋语后，另有一行短短的观款，同样为元宵节所题，不过，却是写在整整三十二年之后。观款云：

> 癸巳元宵，抱真、錬霞同观。

癸巳元宵，即1953年2月28日。这一天，周錬霞与吴湖帆的续弦夫人顾抱真同观《梅花喜神谱》，并由周錬霞执笔写下观款。此时重展此谱，真可谓物是而人非矣。潘静淑已逝世十四年，吴湖帆续弦顾抱真也已十一载。

此外，在"四欧宝笈"之一的《化度寺塔铭》（今藏上海图书馆）

《梅花喜神谱》之周錬霞观款

上，我们发现也有周錬霞所题观款："癸巳上元同观，抱真、錬霞。"
看来，在1953年2月28日同一天，周錬霞至少观看了吴湖帆两件珍藏，
一是《梅花喜神谱》，二是《化度寺塔铭》，而且都是与顾抱真同观。

　　如果再看梅景书屋旧藏的《樱桃黄鹂图》（今藏上海博物馆），其
上同样有"癸巳新春同观，抱真、錬霞"的款识。这里的"癸巳新春"，
不能排除也是在1953年2月28日的可能。或许，"新春"与"元宵""上
元"一样，都是周錬霞在同一天题款时，为了避免文辞重复才改换的
不同字眼。

　　在癸巳上元这一天，究竟发生了什么事？为什么周錬霞和顾抱真

会一同观看了梅景书屋的诸多珍藏呢？

检《佞宋词痕》卷五，笔者发现一阕《清平乐·上元》：

> 晴烟绕树。宛转横塘路。新燕飞来窥绣户。俊约华灯伴侣。
>
> 上元歌舞谁行。采毫初试宫装。两袖春风紫陌，一帘花雾红窗。

这首《清平乐》亦见于《佞宋词痕》手稿一，题序作"上元访紫宜"。"访紫宜"三字虽被墨笔勾去，但仍清晰可辨。原来，这首小词正是写吴湖帆过访周錬霞的故事。开篇"晴烟绕树"即沿路所见，而词人一路"宛转"行来，不觉间已抵周錬霞之"绣户"。词人兴致勃勃地约她一同看灯，听歌赏舞；而周錬霞却正提着画笔，试写宫装人物

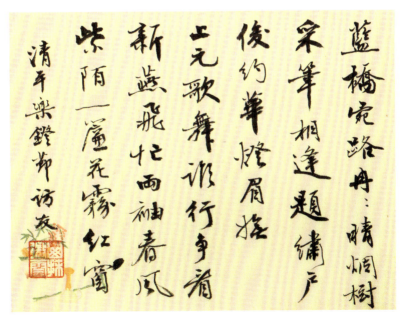

吴湖帆《清平乐》初稿

呢。此时此刻，匆匆赶来的词人，衣袖中还携带着陌上的春风，而望及窗外，却正是一帘迷蒙的花雾。

前文曾考，吴、周二人订交于1952年夏秋之际，而《佞宋词痕》手稿一收词止于1953年秋。因此，这里吴湖帆过访周錬霞的上元，只能是1953年的上元。这与周錬霞题《梅花喜神谱》和《化度寺塔铭》正好是同一天。

虽然我们无法还原吴、周二人交往的全部过程，但有时也可拼凑出某一天的部分情节。如据上述材料，即不难推断：1953年2月28日，吴湖帆先过访周錬霞，约她共度中国传统的情人节——上元节；之后，周錬霞赴约，并来到梅景书屋做客，与女主人顾抱真相见；再之后，顾抱真还陪同周錬霞观看了《梅花喜神谱》与《化度寺塔铭》等，并由周錬霞题写了观款，以为纪念。

至于元宵节筵席间的谈笑风生，宾主看灯赏月等情景，今天已无从追想。但从吴氏所填《清平乐》来看，主人的心情显然是畅快和愉悦的。而当天所出示的藏品，无疑都是梅景书屋中的重器，可见对周錬霞的这次来访，主人吴湖帆是极为重视的。我们知道，"四欧宝笈"是吴氏碑帖收藏中最负盛名者，宋拓《化度寺塔铭》又是"四欧宝笈"中最为精善者。而宋刻宋印的《梅花喜神谱》更被吴湖帆视为"吴氏文物四宝之一"，并自诩为镇宅之宝。笔者认为，吴湖帆请人作题跋或写观款一向是比较慎重的，除极为相得的师友外，一般都是艺林中名望颇著或与藏品颇有渊源者，才会受邀题写。即便如续弦夫人顾抱真，嫁与吴氏十余载，也还从未在这两件藏品上留下观款。这次，似乎还是借了周錬霞的光，才能一同在观款里留名。

其实在1953年2月28日，吴湖帆还为梅景书屋的另一件珍藏——《赵管合璧》题写了一首小词，调寄《鹧鸪天》：

　　春雨楼头结绮思。有情眷属总相期。鸥波定论千金诺，梅屋初开片玉遗。　齐四美，合双栖。玉台佳话倩重题。画堂松雪珠帘卷，紫燕归来倒好嬉。

　　癸巳上元倩题。

　　"赵管"者，元画家赵孟頫、管道昇夫妇也。1930年代末，吴湖帆曾得赵孟頫山水三幅；壬辰（1952）岁暮，友人钱镜塘又赠送其管道昇画竹一幅。赵、管夫妇的画作"合璧"于梅景书屋，当然是难得的韵事。而吴湖帆填词志喜，偏巧又选在周錬霞过访的日子里。这二者之间会不会有什么关联？

　　依据目前的材料，我们并不知道癸巳上元这一天，吴、周二人是否还共赏过《赵管合璧》。但揣摩词意，"有情眷属总相期"，字面上虽是说"赵管"，可背后也不无期盼吴氏自己与周錬霞能够"有情""相期"的意思。尤其小词下片，"倩""紫"二字格外醒目，这当是作者有意将二人的名字嵌入其中。而最后两句，说卷起珠帘以待紫燕归来，更是含蓄地表达了对周錬霞能来"画堂"做客感到十分欣喜之意。[3]

　　当晚，吴湖帆还将近作《行香子》和《两同心》二首，抄写在角花笺上，赠送给周錬霞。落款云："次小山韵二首，倩庵书为螺川如弟粲定，癸巳上元灯前。"二词哀而不伤，从词意看，皆是吴湖帆表白被拒后所作。

　　如果说两个月前，吴湖帆在表白被拒后还曾一度"魂销肠断"，那此刻面对"华灯伴侣"，默祷"有情""相期"，则可知此前的悲郁情绪早一扫而空。同时更能看出，他对周錬霞的追求也并未因表白失败而有所改变。

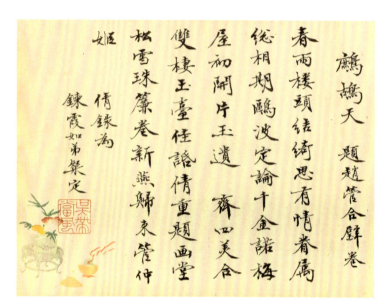

吴湖帆《鹧鸪天》

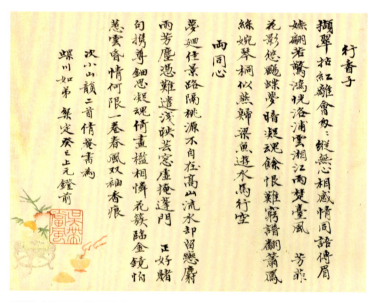

吴湖帆《行香子》《两同心》

（二）

让我们再回到《梅花喜神谱》，谈一谈其中与周鍊霞有关的一段公案。

如细阅此谱，当不难发现，除周鍊霞所题观款外，第一册卷尾还装入周氏所绘的一帧红梅，画之右有款云："拟宋人纨扇笔意，为静淑仁姊补图。鍊霞。"款识中无具体创作时间。吴湖帆在画幅左上角亦题《柳梢青》一阕，并在左下角题记云："原有张永芳女史画梅，毁损于丁丑之役。后由周茞补缀此帧。甲午秋日识。"[4]

吴湖帆款中的"丁丑之役"自然指1937年的"淞沪会战"，而落款中的"甲午"则是1954年。这里，就出现了一个十分有趣的问题：周鍊霞既云"为静淑仁姊补图"，而潘静淑在1939年就已病逝，那这幅红梅图究竟"补缀"于何时呢？

冯天虬先生在《六幅梅花图》（载《近代海上画坛五人》）中指出："周鍊霞绘此画已经写明是'为静淑仁姊补图'，有此题按理说画成时潘静淑并未离世，亦就是绘此画是在1937年至1939年之间，然周氏并未注明是何年所作。"同时，冯氏又说："如果周氏所绘此画和吴湖帆题跋是同一年份即甲午（1954）年，则周氏之题跋肯定不会落下'为静淑仁姊补图'之词，因为1954年离1939年前的任何年代都太遥远，周氏怎会想到为离世已十多年的潘静淑再补图？"此外，冯氏还指出了此事的一个疑点："《梅花喜神谱》为吴湖帆最精心保管之册，全册完好无损，故张永芳之图按常理也不会毁损。……吴湖帆将此谱影印五十册赠送亲朋好友后的第十年，即癸未（1943）年，他于岁朝之日展读此谱，感叹……'宋谱（指《梅花喜神谱》）汤画均欣无恙'。不但提及此谱安然无恙，更没说周鍊霞补绘梅花图之事。"[5]

吴湖帆将《梅花喜神谱》影印分赠亲友，是1933年吴氏四十初度时的事，当时张永芳的画梅尚在，我们今天仍可于1933年的影印本中见到。而十年后感叹"宋谱汤画均欣无恙"，则出自吴湖帆所撰《梅景书屋》一文，文章刊载于1944年《古今》杂志第47期。应该说，冯氏的分析和怀疑都不无道理，但对其不解之处却未能给出答案。那么，在这些看似矛盾的问题背后，会不会有一种合理的解释？

笔者以为，既然前文已证，吴、周订交于1952年夏秋之际，那在此之前，由周鍊霞为吴湖帆的镇宅之宝《梅花喜神谱》补画红梅，应当是没有可能的。而1953年的元宵节，很可能是周鍊霞第一次见到此谱，因此才留下观款，以作纪念。所以，周鍊霞补画红梅的时间，笔者推测最早也应在1953年上元写观款之后，最迟则在1954年吴湖帆题画款之前。

如推测不错，那此时潘静淑已逝世十四五年，为什么周鍊霞在补画时还要写"为静淑仁姊补图"呢？

一方面，或许此书作为潘静淑三十初度的娘家馈礼，在吴氏心中也一直为夫妇共珍之宝，请周鍊霞题亡妻的上款，足见吴氏不忘旧情；而另一方面，恐怕也是更重要的原因，就是如此题款，与吴、潘夫妇请人为《梅花喜神谱》作画填词的体例安排有关。

检《古今》之《梅景书屋》，吴湖帆曾云：

> 余于是为《喜神谱》广征题咏，除倩王秋缘文题引首，冯超然先生书宋器之像外，每卷各系画梅二帧，及《暗香》《疏影》词二首，画梅者冯超然、高野侯二先生及张永芳女史暨郑元素女弟也，谱《暗香》词者邓孝先、张仲清、蔡云笙、吴霜崖，谱《疏影》词者吴九珠、冯君木、叶誉虎、赵叔雍诸公也……而卷末则殿以静淑与余合作之红绿梅焉。

可以看出，吴湖帆对友朋的题画题词，在装入两册《梅花喜神谱》时，是有一个统一的体例安排的。

翻开今天影印的《梅花喜神谱》，我们仍可看到：第一册卷首有冯超然画梅、邓邦述《暗香》、吴曾源《疏影》；第一册卷尾有张茂炯《暗香》、冯开《疏影》、周鍊霞画梅；第二册卷首有高野侯画梅、蔡晋镛《暗香》、叶恭绰《疏影》；第二册卷尾有吴梅《暗香》、赵尊岳《疏影》、郑素画梅。

我们发现，原来在《梅花喜神谱》每册的首尾，都分别装有一首《暗香》、一首《疏影》和一幅梅花图。除张永芳画梅已为周鍊霞替补外，其余均与《梅景书屋》所述相同。笔者还留意到，这十二件词画作品的题款方式也有一定之规：两位男画家（冯超然、高野侯）所题上款均为吴湖帆一人，两位女画家（张永芳、郑素）所题上款均为潘静淑一人，另外八首《暗香》《疏影》则无一例外都题写给吴湖帆和潘静淑两人。

笔者相信，如此题款绝非巧合，一定有吴、潘夫妇事先的某种设想与安排。或许夫妇二人曾商定，由二人分别延请两位画师绘制梅花，再共同邀请八位词家填写长调。之后，由吴湖帆约请的冯超然、高野侯的墨梅放入卷首，而潘静淑约请的张永芳、郑素则置于卷尾，另外的八首长调分为四组，每一组《暗香》《疏影》都分别与一幅梅花图相配。明乎此，我们方能理解，周鍊霞的红梅要替补张永芳，那就只有和张永芳、郑素等一样，也将上款题写给潘静淑，才能与吴、潘夫妇原定的这种体例安排相吻合。[6]

同时，我们也就不难理解，对于完美主义者吴湖帆来说，《梅花喜神谱》作为夫妇共珍之宝，两册书前书后的四幅梅花和八首长调，也都有着成双成偶的意味。而吴湖帆要想将周鍊霞的红梅装入《梅花喜神谱》，同时还不能改变原来书前书后各一幅梅花的体例，那就只有撤

周錬霞所补红梅

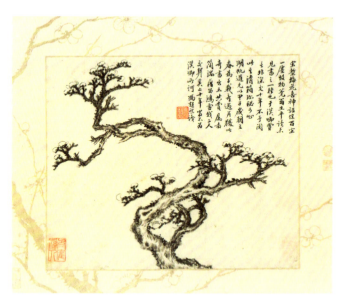

冯超然画梅花

高野侯画梅花

郑素画梅花

掉之前的一幅，才能符合他心中的秩序感。

因此笔者怀疑，吴湖帆是编造了张永芳画梅毁损于"丁丑之役"的故事，试图掩人耳目。不过，吴氏似乎忘记了在1944年《古今》中的《梅景书屋》里，他不光已说"宋谱汤画均欣无恙"，还对《梅花喜神谱》从题引首、绘作者像，到填词、作画等各个作者的情况，都事无巨细地介绍得清清楚楚。从吴氏的行文特点看，绝不会出现张永芳画梅被毁于1937年，而在1944年的文章中却不作任何说明的可能。那么，合理的解释就只有一个：张永芳画梅并未"毁损于丁丑之役"，很可能在1953年至1954年间，为了替换周錬霞的红梅，才被吴湖帆人为撤掉了。

吴、潘夫妇合画红绿梅花和周錬霞所题七绝

其实，吴湖帆常常会对藏品进行大胆的处理（即"画医院外科内科兼全的医生也"，语见《安持人物琐忆》），早为学界所知。如癸巳上元周鍊霞观看的另一件藏品《化度寺塔铭》，其中的"化"字就曾被吴氏涂抹修改。[7] 可以说，为了能将意中人的画作留存在自己心爱的《梅花喜神谱》上，而撤换掉其中另一幅今人画作，是完全符合吴湖帆的性格的。

笔者常说，吴湖帆是一个心思极其细腻的人。我们看《梅花喜神谱》卷尾，在吴、潘夫妇合绘红绿梅花图的左上角，还有周鍊霞所题七绝一首，而此图的右下角，则钤"吴顾抱真"一印。[8] 一幅小画之上，吴湖帆又巧妙地将潘、顾、周三人安排在一起。这与在1954年出版的《佞宋词痕》后，附潘静淑《绿草词》、顾抱真《一点春》、周鍊霞抄《和小山词》，不是有异曲同工之处吗？不难猜出，在吴湖帆内心深处，一向都希望在自己生命中留下痕迹的三个女人，也能在其珍爱的藏品和作品上共同留下些印迹。

---

[1]《顾颉刚日记》1952年5月27日载："到文管会开会……闻吴湖帆穷极，将珂罗版印书画出售，每册只一千元。今愿以家藏铜器售与文管会，希望得一亿元。"（联经出版公司2007年）

[2] 笔者坊间所见吴氏书札云："兹为家传旧藏吴仲圭画竹轴壹仟伍百万元、金本清画竹石贰仟伍百万元、周东村画册贰仟万元，计画三件，合价陆仟万元出售，由中央文化部社会文化事业管理局收购。本人素无买卖行为，特此保证。函达请按规定准予免税为荷。此致上海市税务局。吴湖帆启。住嵩山路八十八号。一九五二、十二、廿九日。"

[3] "紫燕"与"紫宜"读音相近，吴湖帆在涉及周鍊霞的词作中常常用之，如《燕归梁》"紫燕双双绕画楼。来也去无休"（卷五）；《定风波》"紫燕巢梁帘映水。相起。征波剪影约双飞"（卷七）；《木兰花》"隔墙微雨掩梨花，俊约画梁

迎紫燕"（卷八）；《祝英台近》"但凭紫燕归时，雕梁巢稳，便低卷、湘帘同倚"
（八卷后第一卷）；《玉楼春》"明朝紫燕画梁归，后日绿杨深院驻"（八卷后第一
卷）。

[4] 吴湖帆的《柳梢青》亦见于《佞宋词痕》手稿五，从手稿五的编年顺序
推断，大约作于1958年底。或许，画中左上角的吴氏题词与左下角的吴氏题款，
也非同时所写。

[5] 申闻《吴湖帆改装宋刻〈梅花喜神谱〉》亦云："据吴氏日记，宋刻《梅
花喜神谱》抗战之初，就被他们夫妇安置于银行保险库中。"（载《澎湃新闻·上
海书评》，2019.3.20）

[6] 在梅景书屋所藏《梅花喜神谱》中，除本章提及的十二件词画作品外，
还有不少题款与题词尚未述及。如书后潘静淑集文徵明题六绝句，潘利毂题跋，
潘承谋、潘承厚、潘承弼题《暗香》等，这些或是吴氏在有意表明此书与潘氏滂
喜斋有着特殊渊源。此外，该书曾先后庋藏于文徵明百窗楼、黄丕烈士礼居、潘
祖荫滂喜斋，而最终进入吴、潘夫妇的梅景书屋，其流传过程与苏州籍藏家也颇
多因缘。不难发现，在每册前后的两幅梅花图中，就各有一位苏州籍画家：张永
芳、郑素；而四组《暗香》《疏影》中，也各有一位苏州籍词人：吴曾源、张茂炯、
蔡晋镛、吴梅。这不能排除也是吴、潘夫妇的刻意安排，是吴湖帆为了彰显此书
与他一贯标榜的"吾吴正统"的特殊关系而精心设计的体例。总之，《梅花喜神
谱》的题画题词中，处处可见吴湖帆的精心安排和细腻心思。

[7] 参仲威《关于海内孤本唐代〈化度寺邕禅师舍利塔铭〉》（载《澎湃新
闻·古代艺术》，2017.1.22）。

[8] 周鍊霞的七绝无落款时间，但该诗曾被吴湖帆抄录在《佞宋词痕》手稿
五的卷末，故疑为周氏在1950年代末至1960年代初所作。

六　三场约会

　　1953年8月11日，旧历七月初二，是吴湖帆的六十整寿。每逢整寿，吴湖帆都有刊印图书的习惯。如四十岁时影印《梅花喜神谱》，五十岁时出版《梅景画笈》。到六十岁，吴湖帆则计划将《梅景画笈第二集》与《佞宋词痕》一同付梓，作为自己年登花甲的纪念。而周鍊霞在这一年的新秋，已将《佞宋词痕》外编《和小山词》抄讫。或许，抄录《和小山词》正是周鍊霞送给吴湖帆的生日礼物。

　　今天，我们翻开《佞宋词痕》手稿一，仍能看到有不少词作是吴湖帆在他六十岁生日前后所写。如对这些词作一一解读，又不难发现，作品的背后其实隐藏着吴湖帆和周鍊霞的三场约会。看来，在1953年的秋天，周鍊霞不仅抄讫了《和小山词》，她和吴湖帆之间还发生过不少故事。这里，我们不妨先从周鍊霞的一首长调说起：

金缕曲

　　立秋次夕摩诃池畔饮冰，明日宋侃俪瞒人去姑苏避寿，免酬应之劳。

　　紫陌追凉走。座联肩、云辇似水，星灯如昼。昨日立秋秋太嫩，残暑炎炎还有。倩扶起、花阴红袖。冷滑凝脂甜到骨，荐冰盘、蜜意同消受。心自醉，不须酒。　　阑干面水荷香透。笑鸳鸯、瞒人作梦，可怜时候。却讶杨枝青未老，羞与须眉竞秀。莫轻被、西风吹

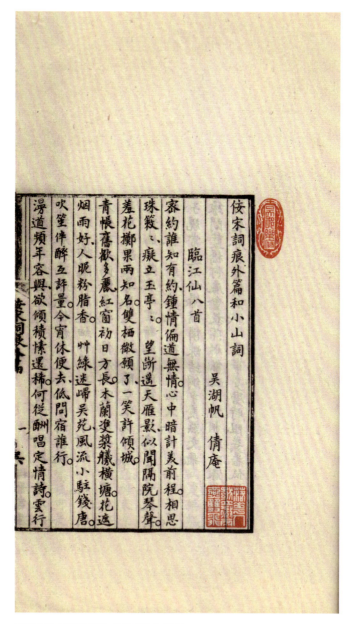

佞宋詞痕外篇和小山詞

吳湖帆　倩庵

臨江仙八首

密約誰知有約鍾情偏道無情心中暗計羨前程相思珠篾丶癡立玉亭丶望斷遙天雁影似聞隔院琴聲

羞花擲果兩知名雙栖頻了一笑許傾城

青帳舊歡多麗紅窗初日方長木蘭雙槳艤橫塘花遮

烟雨好人晚粉脂香丬綠迷帰吳苑風流小駐錢唐

湯道頻年容興欲傾積悵還稀何徯酬唱定情詩雲行

吹笙伴醉互許量今宵休去低問宿誰行

周鍊霞抄《佞宋词痕》外编《和小山词》

瘦。一样中年哀乐感，数江南、我亦填词手。歌一曲，为君寿。

　　此词又附于《佞宋词痕》，不难猜出，是周錬霞为吴湖帆生日而作。词中虽云祝寿，却没有铺陈华丽的辞藻，也没有渲染喜庆的气氛，而是娓娓道来，记述了摩诃池畔的一场约会。

　　开篇说吴、周二人乘凉散步，走累后并肩坐在一起，遥看都市街头车如流水，华灯初上的夜景。虽说昨天已然立秋，但今天的"秋老虎"还是让人无处躲避。二人来到摩诃池畔，流连于花阴深处，试以冰酥消暑。[1] 而冰酥中品尝到的"蜜意"，恐怕更是因为二人间缠绵的情意。这时，晚风吹过，闲凭着摩诃池畔的栏杆，即可闻到池中的荷香。而被吹开的荷叶下，又乍现出"瞒人作梦"的鸳鸯。同样被吹动的杨柳，即便枝条青青未老，也不敢与"须眉"来争荣竞秀。（这里当是夸赞吴氏保养有术的意思。）不过保养再好，也仍要珍摄保重，不可太瘦。也许，只有同样饱尝中年哀乐的人，才能够相互理解与慰藉。因此于填词颇负盛名的周錬霞，特意写下这首长调为吴湖帆祝寿。

　　在《佞宋词痕》手稿一中，我们发现吴湖帆也有两首《金缕曲》写明是为"螺寿余词"而填的和作，从手稿的编年顺序推断，和作写于1953年的秋天。那么，周錬霞的原作也当是这一年所写。按1953年"立秋"在旧历六月廿九日，那"次夕摩诃池畔饮冰"则是六月三十日，"明日宋伉俪瞒人去姑苏"是七月初一，而七月初二正是吴湖帆的六十岁生日，已去苏州的宋伉俪自然可"免酬应之劳"。词中的"摩诃池"，是用蜀主孟昶与花蕊夫人于摩诃池消夏的典故，或指上海某公园湖池，位置待考。而"宋伉俪"，很可能指宋文治夫妇（宋是吴湖帆的学生）。词中"瞒人作梦"的"鸳鸯"，当然也是双关语，用来调侃"瞒人""避寿"的"宋伉俪"。

　　虽然在1952年底，周錬霞曾拒绝了吴湖帆的表白，但因为在填词和绘画上的共同旨趣，周鍊霞并没有拒绝和吴湖帆继续来往，而吴湖帆也没有放弃对周鍊霞的追求。不过，在之后大半年的交往中，吴、周二人的关系发展如何？仅凭吴氏手稿中的一面之"词"，我们很难找到答案。现在，从周氏《金缕曲》中的"心自醉，不须酒"来看，彼时的周鍊霞同样沉醉在约会的浪漫氛围中。似乎，吴、周之间已经有了情感上的互动，而不再是之前吴湖帆的一厢情愿了。

在收到周鍊霞的寿词后，吴湖帆是如何回应的？我们且看吴氏手稿中的两首和作：

> 病足难良走。忆年时、北窗小隐，倦眠清昼。啸傲烟霞如面壁，英气消磨何有。倚修竹、美人翠袖。不料天风吹别泪，付青灯黄绢嗟辛受。凉意下，倩无酒。　浮生缰锁谁参透。凭亚阑、莲香偷送，嫩秋时候。高柳栖蝉频唱晚，顾影犹怜娇秀。幸未把、裙腰困瘦。乞借冰奁溶火魄，纵情绦缚虎凭纤手。襟抱展，暖人寿。
>
> 岁月轮飞走。正凝魂、烟霏雾结，雨昏云昼。世路崎岖儿女井，花絮纷纷常有。纵擅舞、能翻长袖。一样芳菲谁是伴，怕山重水复情难受。休渴饮，鸩中酒。　味经甘苦应尝透。凭聪明、权量机智，重轻分候。天付才华休浪掷，勿负巾英国秀。便事好、多磨消瘦。留得佳名光照耀，向玉台李管争先手。图画上，永长寿。

第一首先写吴氏自己的"中年哀乐"，然后再转笔写吴、周二人摩诃池畔的约会。其意是说，虽然人生的种种不幸尚无法彻底参破，但周鍊霞的出现，还是让词人在生日时感受到温暖，积郁已久的襟抱也得以舒展。第二首则写周鍊霞的"中年哀乐"，之后再勉励周鍊霞，希望她在尝透世情的甘苦后，能凭借自己过人的聪明与天赋的才华，与李清照、管道昇一样留佳名于艺苑。可以说，这两首《金缕曲》正是

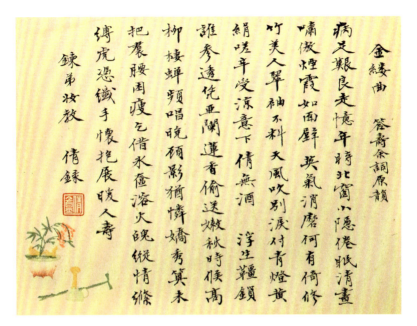

吴湖帆《金缕曲》

对"一样中年哀乐感"最好的诠释。

如果将"摩诃池畔饮冰"看作吴、周当时的第一场约会，那在《佞宋词痕》手稿一中，两首《金缕曲》前有一首《一斛珠·七月朔夜步西郊》，则是写吴、周二人的第二场约会：

> 粉香风腻。情殷约注无言醉。并鞯私语西郊外。绿树阴浓，处处消魂地。　路曲灯稀人影细。心融乳滑冰酥味。悄扶红袖双双臂。挽住芳菲，别具深深意。

词序中的"七月朔"，是1953年旧历七月初一，正是摩诃池饮冰的第二日，吴湖帆生日的前一天。这一晚，夜游西郊，佳人之粉香、润泽而细腻之晚风，都给词人留下了深刻的印象。词人与意中人深情相对，却又停住无言，只觉沉醉其中。他们并辔而行，来到树密阴浓，路曲灯暗之处，再次共尝冰酥，而两颗心亦随冰酥融化。不知何时，吴悄悄扶住了佳人的双臂。一阵夜风吹过，芳菲如雨，佳人伸出双手捧住落花，似乎是想挽住这美好的时光，不愿它轻易逝去。

西郊夜步时悄扶双臂，恐怕是二人当时少有的亲昵之举，因此，吴湖帆一直铭心难忘。后来，词人还在另一首《定风波》中说："还记花前扶雪臂。如醉。从心志忐更难持。"（《佞宋词痕》卷七）恐怕正是对这次约会的追忆。按"从心志忐更难持"，是说此举虽顺从了心意，却仍感到忐忑不安，但最终因难以自持，还是大胆而为之了。对自己矛盾而复杂的心理活动，吴氏描写得既真实又细腻。而从这个细节推

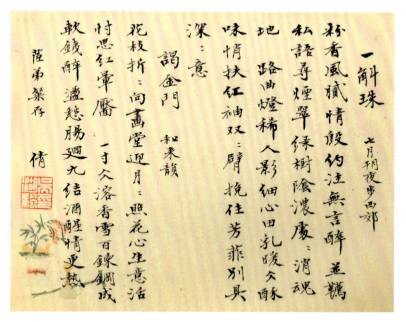

吴湖帆《一斛珠》

测，吴、周当时虽已两情缱绻，但或许还没有十分确定彼此的关系。[2]

在吴氏手稿中，两首《金缕曲》后还有一首《红袖扶·金王寂韵》。我们知道，周鍊霞有"花醉人扶。人醉花扶"的名句，吴湖帆极爱之，常常在词中化用。而这一次，吴氏更直接拈"红袖扶"为词牌，来记录他和周鍊霞之间的第三场约会：

> 眉月迎秋，乘风晚驰车寒箔。便休把殷勤嫩约，等闲辜却。冰酥沁甜入骨，恰心凉意热忺同勺。忘情里，杯倾七宝，葡萄差落。　　湿露相扶下，任藓滑路回担阁。更怅恨石泥鸿迹，茧丝蚕缚。今宵可怜梦短，负人间一刻千金乐。忆倾盖，鸳鸯尚许，交颈眠著。

按首句"眉月迎秋"，其中"眉月"一般指阴历每月初三或初四之月，而"迎秋"则是说迎来了秋天。上文曾说，1953年六月廿九日立秋，那这里的"眉月迎秋"，当然是指立秋数日之后的七月初三或初四了。[3] 这一天的黄昏，新月如眉，刚刚忙完六十寿辰的吴湖帆，又与周鍊霞驰车晚游，同尝"沁甜入骨"之冰酥。"忺同勺"，说明二人吃冰酥时同用一勺，这是男女关系已极为亲密的表现。而"杯倾七宝，葡萄差落"，是从南宋林正大《酹江月》"七宝杯深，蒲萄酒满"化出，述二人共饮红酒之韵事。两三天前（七月初一），既然已在花前悄扶双臂，那这次因露湿苔滑，相扶而行，自然也不用多所避忌。"今宵可怜梦短"数句，是词人感叹像今夜这样的约会，直如一梦，只恨其短，千万不要再辜负这千金一刻的人间欢乐。而想起荷盖下相亲相爱之鸳鸯，尚且能交颈同眠，可词人与意中人却不如鸳鸯能共效于飞之乐了。结句出语虽流于香艳，而情感上却不失真挚。

我们不妨再来梳理一下这几天的故事：旧历六月廿九日，立秋。

六月三十日，吴、周摩诃池畔饮冰。七月初一，吴、周西郊夜步。七月初二，吴湖帆生日。七月初三或初四，吴、周驰车晚游。不难看出，在1953年新秋，周錬霞与吴湖帆约会频频，两情款洽。

前文曾考，1953年上元节，周錬霞曾来梅景书屋做客。其时，主人吴湖帆虽极尽殷勤，可我们却看不到周錬霞有任何情感上的回应。之后，吴湖帆赠送给周錬霞自书集句对联、潘静淑影抄《雪岩吟草》等，落款中的"錬霞如弟""紫宜如弟"等，更是难掩其倾慕之意。而周錬霞在这一年的春天，也曾为吴湖帆的《赵管合璧》题写过一首《鹧鸪天》，但从这首小词中，我们还是读不出任何弦外之音。1953年夏，周錬霞作《清夜吟诗图》，吴湖帆为题《醉花阴》；吴湖帆作《瑞莲图》，周錬霞为补鸳鸯；二人还合画过《水村芦雁图》等等。可以说，这一时期，我们能看到二人在绘画、填词上的交流越来越多，却看不到在这些交流外，周对吴有任何男女间情意的流露。直到1953年初秋的三场约会，我们才发现，吴、周二人已然情意绸缪，而不再是普通朋友的关系了。从此之后，二人来往的翰墨中，就一直不乏互慕相怜之意。据此当不难推断，吴、周定情大概发生在1953年夏秋之际。

其实，男女由相悦而定情，往往非一朝一夕之事。很多都是相处日久，渐渐才互萌爱意。这本是一个水到渠成、自然而然的过程。但若细究二人定情的具体时间，有时却未必能找到答案。而且，比时间问题更有意义的是，曾经拒绝了吴湖帆的周錬霞为什么会改变对吴的态度？吴、周二人能走到一起，最关键的因素又是什么？

我们且不说吴、周二人在书画、诗词上的共同旨趣，也不说吴湖帆对周錬霞的种种殷勤和帮助。其实在这些因素外，有一点更为重要，那就是周錬霞《金缕曲》中所说的"一样中年哀乐感"。"中年哀乐"语出《世说新语》，原书云："谢太傅语王右军曰：'中年伤于哀乐，与亲友别，辄作数日恶。'"后来，"中年哀乐"就专指人到中年时一种比较复杂的伤感情绪，且多用于形容亲友间的生离死别。那么，在1953年秋，吴湖帆和周鍊霞为什么会对"中年哀乐"有那么强烈的感触与共鸣呢？

先说周鍊霞。1946年，夫婿徐晚蘋因与周鍊霞发生矛盾冲突，离沪赴台，任台北邮政局局长，夫妇二人开始两地分居。1949年后，由于两岸政局的云诡波谲，徐、周二人的夫妻关系虽未解除，可重逢的机会已变得十分渺茫。在分居期间，据笔者所见材料可知，周鍊霞是只身留在上海，靠鬻画抚养五个子女，而徐晚蘋则与另一位太太吴曼文在海外定居生活。[4] 周鍊霞对此是何心情？实在难以想象。但对吴湖帆为什么会在《金缕曲》中说她"味经甘苦应尝透"，我们倒是已不难理解了。

再看吴湖帆。1939年，原配夫人潘静淑的猝逝，曾给吴湖帆很沉重的打击。1942年，为了续弦潘氏的使女顾抱真，吴湖帆又与长子吴孟欧发生了严重冲突。由于此事处理未妥，最终父子决裂，吴孟欧搬回苏州，与父别居，最后在1951年"镇反"时被枪毙。[5] 据说吴孟欧罹祸时，吴湖帆也曾托人营救，但终因为时已晚，而追悔莫及。中年丧妻，继而丧子，我们看他《金缕曲》中感叹"浮生缰锁谁参透"，对吴氏填词时的心境，也当能体会出一二了吧。

1953年立秋次夕，吴湖帆和周鍊霞散步到摩诃池畔，促膝夜话，互诉心曲。其时，吴、周二人之所以会对"中年哀乐"深有同感，很可能就是谈到了这些伤心往事。不过，同样的哀乐之情，也使得他们更能彼此理解，相互慰藉。而当两人内心深处最柔软的部分被对方触动后，两人的关系也就不可能不发生一些微妙的变化。我们看《佞宋词痕》卷五中的另一首《南乡子》：

月下坐联肩。絮语双心互惜怜。何似团团花锦簇，婵娟。秋水晴霞照晚妍。　哀乐感中年。欢泪宫商五色鲜。恰羡南塘清梦好，常圆。不是鸳鸯也是仙。

此词同样是追忆"摩河池畔饮冰"的约会。其中"絮语双心互惜怜"，正是写二人敞开心扉，互说伤心往事而怅触怀抱，最后又互生出爱怜之意。吴词中的"哀乐感中年"，也正是周词中的"一样中年哀乐感"。而在这一场约会后，"中年哀乐"就成为吴、周二人在词中反复抒写的一个主题。[6]

如1953年"子月之望"，吴湖帆寄赠周鍊霞《侍香金童》云："一点灵犀，并展相怜惜……哀乐中年，过来识认。"（《佞宋词痕》卷五）后来，吴氏又在《倾杯乐》里说："中年哀乐，感愁肠凝积。"（《佞宋词痕》卷八）1954年清明，周鍊霞旅杭时寄赠吴湖帆《采桑子》云："中年同是伤哀乐，甘苦辛酸。滋味俱谙。未易相逢别更难。"吴湖帆和词答云："中年才识愁滋味，闲把芳卮。半醉依微。辛苦俱谙合共归。"（《佞宋词痕》卷七）

对于摩河池畔的约会，吴湖帆和周鍊霞不仅一同填词，而且事后还对约会中引发的"中年哀乐"反复吟咏，这在吴和周的交往中是极少见的，可知这场约会对吴、周二人应都有着不同寻常的意义。吴湖帆后来还在一首《少年游》中说："花边拾句，画里传书，金缕绕心中。"（《佞宋词痕》外编《和小山词》）正是说周鍊霞的这首《金缕曲》一直萦绕在自己心中。[7] 如果说之前吴湖帆对周鍊霞的爱慕，是缘于其仪容出众与才华过人，那在"摩河池畔饮冰"后，因为"一样中年哀乐感"，吴湖帆更是将周鍊霞认作自己的知音、知己。如《柳梢青》云："知己平生，相逢有几，愁外消磨。"（《佞宋词痕》卷五）《少年游》云："杯底千金，又逢知己，往事莫重愁。"（《佞宋词痕》卷五）《采桑子》云："新词细写情难遏，书印心田。笺拂吟鸾。消受知音便自仙。"

（《佗宋词痕》卷七）

　　可见，同伤于中年哀乐，互许为人生知己，这才是吴、周二人能走到一起的关键。周鍊霞也正因为人生中遇到了一份难得的理解与慰藉，才渐渐敞开心扉，接受了这段本来不易成就的感情。而人生刚刚步入六十岁的吴湖帆，恐怕之前也不会料到，在潘静淑逝世十四年之后，他竟然还会经历一场刻骨铭心的爱情。

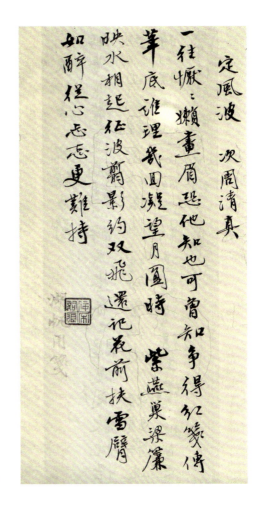

吴湖帆《定风波》

[1] 词序云"摩诃池畔饮冰",所饮之冰究为何物?按后文《一斛珠》《红袖扶》中皆提到"冰酥",而《金缕曲》中所云"冷滑凝脂甜到骨"者,自然也正是这种"冰酥"。周錬霞既说"冷滑凝脂",那这里的"冰酥",很可能是一种经过冰镇且滑如凝脂的酥酪。

[2] 在《女画家周錬霞》中,也有一首《一斛珠》:"银灯影里。清谈偏是多诗意。一杯红酒撩人醉。索得新词,藏向衣儿底。 报道寂寥宜自慰。天涯红树终憔悴。画图满幅多题字。留得青山,莫作无薪计。"周词写作时间不详,但玩其词意,很可能也是写"夜步西郊"的约会。首先,周词"银灯影里。清谈偏是多诗意",与吴词"路曲灯稀""并辔私语"等情景相合。其次,周词"索得新词,藏向衣儿底",与吴湖帆另一首《夜合花》(《佞宋词痕》卷六)之"涛笺悄展,瞒人袖底深藏"叙事亦合。第三,在吴、周二人现存的词作中,以《一斛珠》为词牌的作品都是仅此一首。说不定,吴湖帆藏向袖底的新词,正是周錬霞为前一日"摩诃池畔饮冰"所填的《金缕曲》。

[3] 七月初一,是朔日,吴、周西郊夜步时完全看不到月亮。七月初二,新月才只一痕,且这天是吴氏的六十生辰,宾客盈门,酬应无暇,二人再驱车夜游的可能性不大。(按《佞宋词痕》手稿一中,吴氏六十生辰曾有《倾杯乐·余生辰诸同门弟集舍雅会》。)七月初三或初四,恰是新月如眉,与词意最合。而初五之后,月相渐盈,亦不得再称为"眉月"了。

[4] 徐晚蘋与周錬霞失和,起因于朱凤蔚《绮梦》一文文字失检,其事具见拙作《无灯无月两心知——周錬霞其人与其诗》。后来,谢其章先生赐示《金闺国士周錬霞》一文(署名万花魂,香港《万象》1975年第1—4期),则云徐晚蘋因兼祧两房,曾娶有两位合法配偶,一为周錬霞,一为吴曼文。按旧时宗祧继承的民间习俗,徐晚蘋生父与其叔父各为徐氏娶妻,名分并无大小之殊。而所生之子,各承宗祧,各承财产。周錬霞即徐氏叔父为其所聘。然此文爆料虽多,谬误亦不少,吴曼文之事是否属实,孤证实难遽断。笔者后于网上检得《台湾工商

企业名人录》，载有"徐家祥……父徐公荷，母吴曼文……"（徐晚蘋名公荷）。再之后，笔者又于坊间得见徐家亲属登记表，证实了徐晚蘋与吴曼文共有一子二女：徐家祥（1932年生）、徐家清（1935年生）、徐家明（1946年生）。看来，徐晚蘋与吴曼文之事并非讹传。应该说，徐晚蘋与周鍊霞的婚姻，与一夫一妻婚姻制度颇有不同，有时代的特殊性。尤其在徐晚蘋偕另一夫人吴曼文赴台多年后，周鍊霞与吴湖帆产生恋情，更属正常，我们绝不能以今日对婚姻的眼光和态度来作道德上的审视与批判。

[5] 1942年吴湖帆与长子吴孟欧发生冲突事，可见王季迁《题画杂录》之1942年日记："九月六日，湖师因纳姬事与其子孟欧大闹。孟欧为前进而富科学思想之青年，惟世故太浅，以法律目光对待乃父，于人情上太说不过去，湖师气愤几到发狂。"何谓"以法律目光对待乃父"？笔者猜测，从王氏日记中"纳姬"云云来看，似乎吴氏最初只想纳妾，而非正式续弦。至于吴孟欧的"法律目光"，或是指1930年《中华民国民法》"亲属编"颁布后，法律层面上就已经结束了纳妾的历史。因此吴湖帆如欲纳妾，实与当时法律有悖。不过就王季迁看来，在潘静淑逝世三年后，吴氏纳妾，照料生活，实在是再正常不过的"人情"需求。然而，彼时纳妾不光已无法律依据，与吴家家戒亦有所抵牾。在吴湖帆、潘静淑结婚二十周年的纪念册《金玉其相》上，就有吴湖帆1935年亲笔所书："凡我家嗣，于完婚时受此双杯，奕世递传，永以为例，务遵重婚纳妾之戒。"而《金玉其相》册恰恰是在1941年吴孟欧完婚时由吴湖帆亲手递授。因此吴孟欧提出反对，于国法家戒，皆有理有据，吴湖帆无可辩驳，只能"气愤几到发狂"。据说，吴湖帆曾找到友人刘海粟商量求助，刘氏建议说："湖帆兄，何不公开结婚！"（见谷苇《艺林剪影》）之后，吴氏竟真的"明媒正娶"顾抱真，而不再是纳妾了。笔者以为，以吴湖帆的家庭出身和社会地位，聘娶女佣阿宝（即顾宝珍，后改名为顾抱真），在当时可谓大胆之举。于人情虽甚觉乖悖，于国法家戒却无任何抵触。只是如此解决，实有与吴孟欧赌气的成分在。据《大上海》1943年第5期《吴湖帆与阿宝》（署名一介）云："吴湖帆的儿子挺身出来反对……他们父子间的情

形如江河日下，终至分居了……"可以说，吴湖帆与顾抱真的婚姻，既非传统的门当户对，也不是新式的自由恋爱，它多少带有些意气使然的成分。而回到苏州的吴孟欧后于1951年被枪毙，多少也是肇因于此。看来，对自己当初这段任性使气的婚姻，吴湖帆也付出了惨重的代价。

[6] 1949年桑弧导演的电影《中年哀乐》上映，在当时社会上影响非小。而这部电影所讲述的，正是小学校长陈绍常人到中年后的爱情故事。因此，"中年哀乐"除有伤于亲友间生离死别的古典原义外，在时代语境中又恰恰掺入了与中老年人爱情相关的新义。

[7] 在《佞宋词痕》手稿三中，我们看到一年后，吴湖帆有《金缕曲·用摩诃池畔饮冰韵答紫宜》云："咳唾盘珠走。且消凝、灯摇雨夜，路回晴昼。诗胆风流生绮债，碧玉催敲声有。怎禁得、花扶人袖。凤慧尘缘谁管领，占才华绝艳凭天受。拚一笑，醉非酒。　人生自是情痴透。总相期、定巢燕子，归梁时候。倾盖池塘鸳鸯梦，绿草红莲齐秀。奈离绪、偏多损瘦。十样眉笺螺黛翠，展庐陵湖上词心手。金作契，石同寿。"后又作《金缕曲·戏叠前韵再答》云："复道连车走。景多磨、画禅诗境，云昏雨昼。结就同心罗带密，兰絮从来应有。忍半面、徐妆遮袖。醉味葡萄甘味蔗，许前生种下今生受。倾倒意，甚于酒。　中年哀乐经尝透。恰难忘、冰肌玉骨，邀凉时候。还向玻璃屏底照，连理芙蓉并秀。认裙钗、暗添非瘦。共倚小窗私语悄，好吹笙联韵重携手。双案接，介眉寿。"

七　中秋夜雨

　　1953年9月22日，是中秋佳节。刚刚笼罩上暮色的上海，竟然淅淅沥沥地下起了雨，一直到深夜，毫无停歇之意。竟夕听雨，不能赏月，却偏偏能触拨诗人们的愁思。比如，冒鹤亭就写了一首《癸巳中秋苦雨忆张夫人》，是悼念亡故不久的侧室；龙榆生也写了一首《癸巳中秋风雨有怀钱默存教授锺书北京》，是怀念远在北国的友人。[1] 而他们的朋友吴湖帆，在这一年的中秋雨夜里，又在做些什么呢？

　　或许，吴湖帆正拿着画笔，伏在梅景书屋的画案前，或写或画，以遣长夜。（吴氏有深夜作画的习惯，久为画坛所知。）今天，拍卖会上出现的三幅作品，还可以给我们提供一些想象的空间。第一件是吴湖帆为方幼盦所画《花卉四屏》中的一幅鸢尾，画款云："幼盦大兄属写清真《粉蝶儿慢》词意，癸巳中秋，吴湖帆。"（上海朵云轩2014年春拍）第二件是冯超然所画《汲泉煮茗》，画上吴湖帆题诗云："飞鸿何处去，流水有知音。意在青山外，泉声一点心。癸巳中秋，吴倩题。"（上海敬华2006年春拍）第三件是周錬霞所绘《仕女图》，吴湖帆题《菩萨蛮》一首，并跋曰："癸巳中秋，润色绿蕉并题，吴倩。"（上海朵云轩2014年春拍）

　　三幅画涉及三个人，我们先说方幼盦。方幼盦，海上名医家方慎盦之子，幼承家学，擅场针灸。吴湖帆的鼻塞之病和中风之症，就多次为方氏父子所治愈。而方氏父子皆雅好文艺，故吴氏为答谢医病之

宿霧藏春餘寒峭雨占得羣芳閑晚

幼盦大兄屬寫清真稱斂哦兄慢詞意

癸巳中秋　吴湖帆

吴湖帆《花卉四屏——鸢尾》

恩，向他们赠书赠画，既多且精。据说，"慎盦与湖帆由医生与病人关系渐渐成为好友……方家……楼上书房遂成为吴湖帆与周錬霞二人写画作词之处"。[2] 可见，方家不仅与吴湖帆关系密切，而且还曾为他和周錬霞的交往提供过诸多方便。不过，在癸巳中秋，吴湖帆又不辞辛苦地为"幼盦大兄"作画，或许还有一个不容忽视的原因，那就是吴氏这时正苦于足疾，不良于行，受到病痛的困扰。我们看《佞宋词痕》卷五中的一首《菩萨蛮》：

> 药炉经雨缠绵甚。一言病足成词谶。会少即离多。忍期无奈何。　冰盘溶火乍。倏过中秋夜。度世有南针。此情盟信心。

在1953年的中秋雨夜里，缠绵于药炉之畔的吴湖帆，想起一个多月前和周錬霞在摩诃池畔散步时，就已感到脚上费力、行走不适。当时，在酬和周氏的《金缕曲》中，吴湖帆曾写下"病足艰良走"（《佞宋词痕》卷三）。没想到一语成谶，到了中秋，他果真因病足而无法与意中人相会。相会越少，就意味着离别越多，除了忍耐期待，实在又无可奈何。如果离别之人能够"千里共婵娟"，或许还可稍慰相思之情。可是风雨无休，佳节易过，中秋之月早如一轮冰盘溶化于火，再也无处寻觅。不过，词人与意中人既然已经两情盟定，那词人的信心就如同指南的磁针一样，坚定而不移了。

通过这首《菩萨蛮》，我们得知在1953年的中秋，吴湖帆因病足而未能与周錬霞相会。不过这一天，另一位老朋友冯超然很可能曾来梅景书屋探访。

冯超然，海上名画师，艺名与吴湖帆相埒。冯寓嵩山草堂位于嵩山路90号，与88号的梅景书屋望衡对宇，近在咫尺。数十年来，冯、吴二人一直来往不断，可谓相交莫逆。1953年中秋，吴湖帆为什么会在冯超然的《汲泉煮茗》上题诗？个中缘由，我们已不得而知。不过，在吴湖帆珍藏的《赵管合璧》上，我们发现冯超然在同一天也曾题写过一首《菩萨蛮》。

《赵管合璧》本是元画家赵孟頫、管道昇夫妇的三段山水图和一幅双钩竹，后由吴湖帆合装成一个长卷。今日细审此卷拖尾，题跋累累，在吴湖帆、周錬霞、冒鹤亭所题诗词之后，有冯超然"癸巳秋八月"题《菩萨蛮》一首，谢佩真"癸巳中秋"题七律一首。（谢佩真系冯超然女弟子。）冯氏所题《菩萨蛮》云：

> 汀山只尺生华笔。画眉添妩潇湘碧。玉笛韵悠扬。瑶台清梦长。　茝香春草浦。桂月华三五。倒印紫泥红。古今谁与同。
>
> 癸巳秋八月，奉题《赵管合璧》卷，博湖帆我兄笑正，慎得冯超然年七十二。

冯氏落款云"癸巳秋八月"，虽未点出具体日期，但从词中"桂月华三五"推断，冯氏题词也当和谢佩真一样，都是在"癸巳中秋"所写。笔者猜测，这一天，吴湖帆因病足不便外出，那么由冯超然偕女弟子谢佩真来访的可能性更大。也许在中秋雨夜里，宾主欢谈之际，吴湖帆乘兴为《汲泉煮茗》题诗，之后，他又拿出了自己珍藏的《赵管合璧》，请冯、谢二人也题词题诗，以作纪念。

词中，冯超然所写"茝香春草浦"五字，十分值得玩味。我们知道，周錬霞又名"茝"，而"茝"即古书中所谓的一种香草。如吴湖帆《洞仙歌》云："爱彼此、暗凝魂，小印传笺，留一字佳名香草。"（《佞宋词痕》外编）就是说周錬霞在写给他的信笺上，常常只钤一个"茝"字。此外，"春草浦"还能让人联想到以"绿遍池塘草"词句闻名的潘静淑。可以说，"茝香春草浦"虽短短五字，却巧妙地暗藏了周錬霞和

冯超然《汲泉煮茗》

冯超然、谢佩真题《赵管合璧》

潘静淑两人。而冯氏所谓"倒印紫泥红。古今谁与同"，正是说吴湖帆前有潘静淑，后有周鍊霞，因此不让赵孟頫、管道昇这对画坛伉俪、神仙佳侣专美于前矣。这自是冯氏在吟咏《赵管合璧》时，借题发挥，调侃老朋友艳福不浅的意思。

按前文所考，1953年夏秋之际，吴湖帆和周鍊霞已两情盟定。不难推想，一个多月后的中秋节，二人心许未久，正应是意热情浓之时。可未曾料到，因为吴氏的足疾，二人竟不能在一起共度佳节。何况，漫漫长夜，绵绵秋雨，更是在离人心头平添了无限凄楚。或许在酒阑客散之后，百无聊赖的吴湖帆，又悄悄展开了周鍊霞的《仕女图》，为她润色绿蕉，收拾画面，再题写小词，以寄愁怀。

今天，虽然已无法还原六十多年前那个中秋风雨夜的具体情景，但从吴湖帆另一首写癸巳中秋的《朝中措》（《佞宋词痕》卷五）中，我们仍能感受到作者缠绵恻怆的思绪：

> 潇潇暮雨暗长空。凉意绕心中。可是秋宵美景，无端清梦斜风。　英姿佳丽，偏生慧业，莫道情钟。只恨相逢太晚，吴霜点鬓成翁。

在《佞宋词痕》手稿一中，此词题作"中秋无月"。上半阕说暮雨忽来，长空骤暗，悲凉之意缠绕心中，无法排遣。本来期待的佳节美景，却如一场好梦无端被斜风吹散。下半阕则叙及词人心中一件不能释怀之事：周鍊霞是如此美丽（英姿佳丽），又如此聪明（偏生慧业），就不要怪我对她一往情深（莫道情钟）。只是后悔彼此相逢得太晚，如今我已是白发成翁了。

这首小词可谓《佞宋词痕》中难得的佳作，而词人的一片痴情，也借助小词毫不掩饰地展现在读者面前，让我们今天读来仍不免唏嘘

一卷芳心展翠蛾綠天深處涼夜近來書愛慵

懷素自寫新詩入扇羅　螺川鍊霞

枉捲維袖秋風蕩紈扇羅裳費夫粉英誤

夜深身慵鏡金鏤愛　蕉心溶為卷綠意

愁難康無語忠綿陶冀花影天

辛巳歲春七中秋潤色綠筆再題　吳清

周鍊霞《仕女图》

感叹。不久后，也许吴湖帆感到此词下片过于悲惋，于是又重填了一首《蝶恋花·中秋无月》（《佞宋词痕》卷五）：

> 今夕秋华光乍掩。雨洒风飘，忍把珠帘卷。无奈夜长歌宛转。天涯只尺离肠断。　月被云遮花影暗。好景多磨，谁也无从算。只待重圆天不管。回头定了人天愿。

词人说中秋遇雨，可谓好事多磨，但毕竟待到人月重圆，迟早还能得遂心愿。词中"离肠断"，点明所写仍是离情。而"天涯只尺"盖谓上海嵩山路的梅景书屋与巨鹿路的螺川诗屋相去并不算远，只因二人不能相会，便有远隔天涯之感。那么，在1953年的中秋雨夜里，螺川诗屋中的周錬霞又在做些什么呢？

检《女画家周錬霞》，笔者发现一首《桃源忆故人·中秋夜雨》：

> 帘栊拜月心香瓣。负却年时清愿。无赖雨丝风片。浪把良宵贱。　素娥病了蟾蜍倦。深掩广寒宫殿。知否人间痴唤。珍重千千万。

从词意看，此词所写也应是癸巳中秋。"知否人间痴唤。珍重千千万"，当是说周錬霞祈盼病中的吴湖帆千万珍重、能早日康复的意思；而"负却年时清愿"，则是指吴、周二人曾有中秋相会的愿望，最终此愿落空，遂有辜负之感。[3]

中秋之后，周錬霞又有《菩萨蛮》一阕，由吴湖帆抄入《佞宋词痕》手稿一中：

> 一行雁字秋风嫩。银塘昨夜清于镜。禅榻病维摩。沾衣花雨

多。　药炉空想像。梦里煎茶响。无奈负情天。月圆人不圆。

吴湖帆和云：

　　萧娘一纸书方嫩。风吹人面如凭镜。青眼几番摩。泪痕比墨
多。　梅缘花影像。清梦词声响。一片黟云天。月痕依样圆。

　　周词中"禅榻病维摩"当然指病中的吴湖帆，而"药炉空想像"
则是周錬霞设想吴氏在病中的情景。填词的"昨夜"是"月圆"之夜，
而人却不能团圆，可谓辜负了有情之天。而昨夜的"银塘"既然"清
于镜"，那昨夜必然不再是风雨连宵的中秋夜了。此外，吴词说"月痕
依样圆"，所谓"依样"，也是说依旧圆如中秋之月的意思。那么，词
中"月圆"的"昨夜"究竟在何时呢？
　　在《佞宋词痕》手稿一中，两首《菩萨蛮》前还有一首《月华清·八
月十六夜月感题》（亦见《佞宋词痕》卷五，题作"次洪空同韵"）：

　　澄采鸾飞，清华蟾素，小楼依约帘卷。吹换西风，指届过期
秋半。倦客醉、杨柳梢头，怨女恋、凤凰枝畔。回盼。对姮娥影
照，迷离玉殿。　顿警芸窗漏暖。渐镜敛霜华，靓妆偏绽。不到
昏黄，已够骚人魂断。怕玄兔、碎捣菱花，招翠袖、掩藏纨扇。
偷玩。趁团圞留取，莫教斜转。

　　龙榆生《忍寒诗词歌词集》中，也有《月华清》一阕，题云："癸
巳中秋后一日湖帆有和洪叔玛之作，其年七月初二为湖帆六十初度，
因用原韵补成一阕寿之。"词中有"浴罢仙娥，过却素秋刚半"，龙氏
自注："今年中秋风雨，翌日畅晴。"[4]

　　看来，1953年旧历八月十六日，即龙氏所谓"畅晴"的"翌日"，正是一个"月痕依样圆"的晴夜。而笔者网上检索1953年东八区9月月相的历史数据，发现当年满月的时间也恰巧是在9月23日（即旧历八月十六日），此正民谚所云"十五的月亮十六圆"也。可以想象，中秋翌日，实在出乎人们的预料，尤其在经历了前一夜的凄风苦雨之后，吴、周二人竟还能欣赏到如此满月，这不光弥补了他们不曾在中秋一起赏月的遗憾，也似乎预示着二人的感情在历经种种考验后，也必将能实现相谐相随之凤愿。因此，周鍊霞的《菩萨蛮》自然是在八月十七日所写，而词中"月圆"的"昨夜"正是八月十六日之夜。

　　读吴湖帆《月华清》之"趁团圞留取，莫教斜转"，可知吴氏当时已兴致转佳，而第二天，周鍊霞又以词代柬，寄给他这首《菩萨蛮》。词中，周鍊霞除问候"药炉"之畔的吴湖帆外，也因前一晚难得的月色，而向吴氏发出"月圆人不圆"的感叹。

　　1953年中秋前后，吴湖帆和周鍊霞鱼雁不断，二人虽不曾共度佳期，却依然通过一首首小词诉说着对彼此的思念。

---

　　[1] 冒鹤亭诗见《冒鹤亭先生年谱》，龙榆生诗见《忍寒诗词歌词集》（复旦大学出版社2012年）。

　　[2] 见王世涛《纪念隐士藏家朱昌言先生》，载《万松金阙——朱昌言藏吴湖帆书画目录》（上海朵云轩2014年）。

　　[3] 在2018年广东崇正春拍中，我们看到吴湖帆的两首《清平乐》，其一云："相思病损。红粉凭谁褪。巢隐无方安未稳。有愿佳期自近。　眼前咫尺关山。肠回折寸阑干。梦醒眉痕添妩，骄生京兆豪端。"款曰："癸巳八月，螺川来词韵答和，倩。"按词中"添妩"之"眉痕"，当指如弓之弦月。如为下弦，则此词作于"癸巳八月"末，"有愿佳期自近"当是指九月初三周鍊霞的生辰。而如为上弦，则此词作于"癸巳八月"初，"佳期"可能就是指吴、周二人中秋相会的

"清愿"了。

　　[4] 除龙榆生外，向迪琮亦有《月华清》，题序云："癸巳中秋，淞滨无月，竟夕风雨，越日放晴，光殊皎洁，湖帆先生曾和空同此调，余亦继声奉训。"（词札见西泠印社2018年春拍）

八　清梦缠绵

2014年，北京匡时公司拍卖吴湖帆《癸巳》手稿时，曾介绍此书"辑入癸巳（1953年）九月初三起诗词草稿……著有《芭蕉雨》《清梦琐言小引》《浪淘沙慢》……等三十余词牌"。其实，介绍中的"清梦琐言小引"并非词牌，从名称看，倒更像是为《清梦琐言》撰写的一篇小序。

后来，笔者翻阅《佞宋词痕》手稿一时，在一阕《谒金门》下又看到"清梦琐言"四字；再翻检《佞宋词痕》手稿二，在两首《诉衷情》上也同样发现"入清梦琐言"五字。有意思的是，这三首小词恰恰都是吴湖帆写给周錬霞的作品。那么，《清梦琐言》会不会是一部与周錬霞有关的书？若是，那起名"清梦"寓意何在？"清梦"二字与吴湖帆、周錬霞究竟有何关系？

可惜迄今为止，笔者尚无缘寓目《癸巳》稿本，在看到《清梦琐言小引》之前，上述问题似乎无法回答。不过，要想寻求答案，也并非毫无线索，我们不妨先看看《佞宋词痕》卷五中的八首《南乡子》：

> 花国早知名。万丈晴标建赤城。秀色亲餐仙露滴，盈盈。绝世双无道我卿（杜诗"人道我卿绝世无"）。　清梦醉还醒。相印心心誓鲽盟。画里真真能唤许，飞琼。福慧谁修伴侣星。
>
> 柳絮话传佳。诗境泉声恍若耶。小院重楼宜爱月，清华。紫

玉阑干卐字斜。　清梦绿阴遮。解语偏开并蒂花。红粉池边人独立，谁家。鹦鹉帘栊护碧纱。

双桨倚兰桡。桃叶江头韵最娇。只惜微波犹路隔，迢迢。细数红阑第几桥。　好景莫轻抛。清梦消春意也骄。何似湘皋重解佩，潇潇。一曲青门引凤箫。

明月小窗临。知为谁来印我心。正是今宵眠不得，寒侵。绣被鸳鸯懒去寻。　回忆醉花阴。绿影朦胧泪满襟。不道潇湘清梦觉，难禁。几度魂消莫此深。

绮语种重因。两绪相逢意倍亲。低道昨宵裁尺锦，回文。颠倒鸳鸯怕绽痕。　宛转俚歌新。索系湘腰一幅裙。细把丁香心密结，休分。清梦缠绵慰帖身。

携手赏花枝。随唱风流绝艳词。常道情天偏有阙，何时。数到圆时不自知。　清梦怎禁持。处处愁萦事事痴。长夜无眠频转侧，相思。寸寸肠回缕缕丝。

明月照当头。几度人生此愿酬。指问红阑花影转，回眸。花影何如我影稠。　联句上层楼。一字珠玑刻骨搜。索笑寻诗清梦里，悠悠。爱月重帘不下钩。

月下坐联肩。絮语双心互惜怜。何似团团花锦簇，婵娟。秋水晴霞照晚妍。　哀乐感中年。欢泪宫商五色鲜。恰羡南塘清梦好，常圆。不是鸳鸯也是仙。

八首《南乡子》作于1953年秋冬之际，属联章体，所咏正是吴湖帆和周鍊霞的恋爱故事。[1] 反复雒诵，笔者发现，八首小词中竟然还藏着一个秘密，即每首词里都有"清梦"二字："清梦醉还醒""清梦绿阴遮""清梦消春意也骄""不道潇湘清梦觉""清梦缠绵慰帖身""清梦怎禁持""索笑寻诗清梦里""恰羡南塘清梦好"。首首如此，当然不会是文辞上的巧合，一定是词人有意安排的。那么，心思缜密又狡狯的吴湖帆，这一回又想在"清梦"的背后隐藏些什么呢？

如果将《佞宋词痕》从时间上略作梳理，不难发现，自1953年秋，涉及周錬霞的词作中就已不断出现"清梦"二字。如写中秋之《朝中措》"可是秋宵美景，无端清梦斜风"（《佞宋词痕》卷五）；和周錬霞八月十七日《菩萨蛮》"梅缘花影像。清梦词声响"（《佞宋词痕》手稿一）；重阳前写二人离情之《菩萨蛮》"清梦绕云天。轻纱笼月圆"（《佞宋词痕》卷五）；与周氏共度重阳后所填之《恋绣衾》"缀霓裳、清梦片云"（《佞宋词痕》卷五）。这些不断出现"清梦"的小词，和八首《南乡子》一样，首首都涉及周錬霞。如果推断吴氏笔下的"清梦"与周錬霞有关，读者当无异议吧？

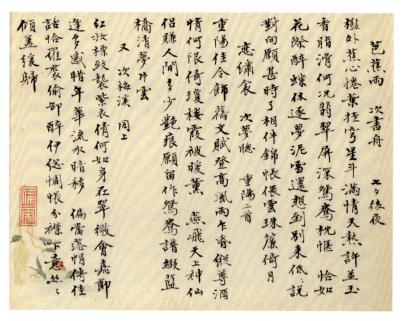

吴湖帆《恋绣衾》

不过，翻检2002年影印十卷本《佞宋词痕》，我们又发现，在卷六、卷七、卷八的目录中，词牌下多钤有"窥宋杂录"和"清梦赘言"的小印。另外，在2014年匡时秋拍的《佞宋词痕》手稿卷九中，词作上也同样钤有"窥宋杂录"和"清梦赘言"。稍加查检，可知凡钤有"清梦赘言"者，都是吴湖帆次韵宋代词人周邦彦和吴文英的词作。不难猜出，因为周邦彦号"清真"、吴文英号"梦窗"，所以次韵二家者才会合称"清梦赘言"。而卷六至卷九中次韵其他宋人的词作（除柳永外），则皆钤"窥宋杂录"。

按1960年代初，吴湖帆曾有重订《佞宋词痕》的打算。重订本虽未见出版，但据吕贞白1963年所撰《重订佞宋词痕序言》："今年君政七十，删定旧稿，并整饬十年来新作，重订《佞宋词痕》，厘为六集，嘱为弁言。"[2]笔者猜想，重订时"厘为六集"者，自然要打破原来十卷的次序，很可能会依据次韵对象的不同，而重编为"清梦赘言"一集、"窥宋杂录"一集、和柳屯田一集、和晏小山一集……或许，今存《佞宋词痕》卷六至卷九中的"窥宋杂录"和"清梦赘言"，就是作者在重订词集时所留下的分卷标记。

此外，笔者还注意到，吴湖帆曾约请二十四位画家为自己绘制过《二十四斋图》。除广为人知的"梅景书屋""四欧堂""丑簃""双修阁"等外，还有一个常常为人忽视的斋名"清梦吟巢"。《清梦吟巢图》是请陆俨少所画，而陆氏之作，现存两幅。其一见于中贸圣佳2005年秋拍，画款云："湖帆仁丈属画《清梦吟巢图》，此乃之初稿也，并呈指正，望有以教之。庚子冬月陆俨少。"其二见于《吴湖帆文献》，当为定稿，画上吴湖帆自题："予爱周清真、吴梦窗词宛转缠绵，令人陶醉其间。"这里，吴湖帆已明确揭示，"清梦吟巢"和"清梦赘言"一样，都是源自周清真和吴梦窗。估计"清梦吟巢"系吴氏晚年所用，故流传未广，知者寥寥。（陆俨少作初稿的"庚子"已是1960年。）

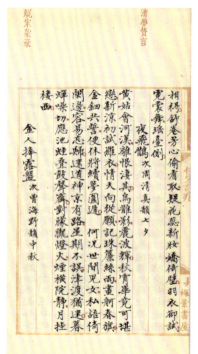

《佞宋词痕》卷八目录　　　　　《佞宋词痕》卷九内页

陆俨少《清梦吟巢图》

　　之前，笔者从吴氏词作推断，他笔下的"清梦"当与周鍊霞有关。而这里，作者却自证，他笔下的"清梦"源自周清真和吴梦窗。两种说法，看似并无关联，但又皆有根据。难道"清梦"二字本来就有不同含义？还是说，不同含义的"清梦"间存在着某种联系？其实，我们只要细心寻绎，并不难猜破作者在这里所打下的哑谜。

　　"清梦"者，当然是周清真和吴梦窗，而周词人和吴词人，又何尝不可以看作被称为"填词侣"的周鍊霞和吴湖帆呢？也就是说，"清梦"背后隐藏的是"周""吴"二字。一清一梦，即一周一吴，宋代之周、吴与当代之周、吴，正是通过"清梦"而取得了某种微妙的联系。昔年之《清梦琐言》或许是周鍊霞与吴湖帆的唱和集，而晚年之"清梦吟巢"虽托言清真和梦窗，但在吴氏心中，又何尝不是他和周鍊霞一起填词作画的爱巢呢？[3] 至于词中之"清梦"，字面上犹言好梦或美梦，实际上当专指吴、周二人两情相遂之梦，这又是吴湖帆晦隐闲情的手法之一，也可以说是吴、周间一个心照不宣的暗语。

佞宋詞痕卷六

鷓鴣天　佞宋詞痕刻成五卷書後

　　　　　　吳倩　湖帆

清夢間憑絕妙辭無絃琴上說相思搆成五滴二盤珠顆

花解語蝶偏知多情多感斷腸時

抽盡盈二縛繭絲

陶潛晦隱非緣老杜牧踈狂不是癡

燭影搖紅蓮社門弟子抱真作金石同壽圖次張

麗景初開紫絲步障花深淺喜逢春夜樂傾盃桃李華

鐙宴繡幕晴煙四捲展芳菲娜嬝畫苑修眉舒綠采筆

齊飛昇平簫管　周鼎重歸物華簌度星移換十年夢

吳湖帆《鷓鴣天》

一旦参悟个中消息，我们再读《佞宋词痕》中那些提及"清梦"的作品，当可推知其背后必然隐藏着与周錬霞有关的特殊含义。如《鹧鸪天·佞宋词痕刻成五卷书后》：

清梦闲凭绝妙辞。无弦琴上说相思。抟成滴滴盘珠颗，抽尽盈盈缚茧丝。　花解语，蝶偏知。多情多感断肠时。陶潜晦隐非缘老，杜牧疏狂不是痴。

这是五卷本《佞宋词痕》出版后，作者自题词集之作。读者或问：《佞宋词痕》缘何而作？词人答曰：凭绝妙辞写清梦者也。读者若再问：清梦者何？那词人必定笑而不语了。现在，我们既知"清梦"的背后隐藏着周、吴，那不妨替词人来作答："清梦"者，周、吴两情相遂之梦。《佞宋词痕》中的那些"说相思"之作，正是在写周、吴二人的这一场"清梦"。[4] 此理既明，再读类似小词，无不有迎刃而解、豁然贯通之快。我们不妨再从吴湖帆1954年的词作中举几个例子：

《念奴娇·步紫宜书和小山词后韵》之"潇湘波影，倩伊清梦同作"（《佞宋词痕》补遗）；《解语花·螺川写韵图次周清真韵》之"谁伴伊、清梦闲情，嬉采毫吟罢"（《佞宋词痕》卷六）；春分日书赠周錬霞《更漏子》之"兽烟沉，香篆细。清梦又惊迢递"（《佞宋词痕》卷七）；清明后答和周錬霞《采桑子》之"簪帽花鲜。清梦流连。不负春光姹紫天"（《佞宋词痕》卷七）；中秋夜与周錬霞同赋《清平乐》之"茅斋清梦常圆。金风玉露同餐"（《佞宋词痕》八卷后第一卷）……至此，我们应该已不觉奇怪，为什么吴湖帆写给周錬霞的词作中会反反复复地出现"清梦"二字了。

说完词中的"清梦"，我们再看看画中的"清梦"。

按《佞宋词痕》卷五中有《洞仙歌》三首，序云"题潇湘清梦图"，

吴湖帆《更漏子》六首

吴湖帆《醉花阴》《菩萨蛮》

若参看吴湖帆《念奴娇·步紫宜书和小山词后韵》之"潇湘波影，倩伊清梦同作"，笔者以为，《潇湘清梦图》很可能是吴湖帆和周鍊霞"同作"之画。前文曾考，《佞宋词痕》卷五中的词作全部与周鍊霞有关，题画词自然不例外。如《醉花阴》是题周鍊霞的《清夜吟诗图》，《菩萨蛮》是题周鍊霞的《仕女图》，《南乡子》是题吴、周二人合画的《水村芦雁图》。而从吴、周二人的作画习惯以及三首《洞仙歌》的词意推测，《潇湘清梦图》中的潇湘山水或是吴湖帆所绘，而山水间的一对燕子很可能为周鍊霞所补。

三首词云：

> 道是清梦重寻，满眼潇湘来去。宿雾散，初阳晓，露华烟渚。十洲云涌，三山楼起，碧浪天台，缥缈迹，迷仙坞。环佩藉，冉冉绮霞轩举。　如旅。便觉萦怀香海，断魂莲浦。回看画舸人归，群玉才调，粉奁吟处。一时月影朦胧，迢迢无奈缺圆，天涯近，佳期阻。谁问讯春风，飘忽难据。千辛万苦。怎得共、合欢朝暮。从今后，好注定、有情心绪。

> 高唐赋，腻云软雨，谁说澡兰香惹。更玉女吟絮，谢娘吐雅。琼楼袖舞宫腰亚。展绮采霞霏红紫，月迷娇姹。数国艳，一笑倾城无价。　偷暇。祇者向、兴来拈韵，闷时索酒，醉拾芳草留连，醒比丽花潇洒。风流何事争惊讶。怅梦影梨痕，和泪伤心诗写。悔几许盟言，历情如画。粉镜涷冶。自惜水流难舍。相怜下。纵孤负、小灯长夜。

> 携手联吟惯。把池水隐隐，春风吹浅。想青笺嫩约，紫箫深院。缃桃掩映宜人面。荐酒罢、盈盈留一盼。红罗绾。道不恨相逢，何处重经晚。　缱绻。暗期草草，絮语匆匆，会少情长，况似染骨相思，换得碎心如剪。双栖好梦梁间燕。纵惹爱、沾身花

雨遍。尤眷恋。自翩翩、极目潇湘又无限。并步散。待了却从头愿。便飞来飞去，翠楼帘卷寻常见。

第一首从潇湘景物起笔，写意中人画舸归来，而自己却与她佳期频阻。第二首赞美意中人既有谢娘吐属之风雅，又有一笑倾城之国艳。二人虽诗酒风流，情意投合，却因词人无法与她长相厮守，而惹出意中人不少伤心之泪。第三首先回忆了二人"红罗荐酒"的初逢场景，继而感叹彼此重逢太晚，之后再展开想象，仿佛二人已化身成潇湘山水中翩翩而翔的一对燕子，最终在翠楼帘幕间得遂双宿双栖之愿。[5]

可以说，"潇湘"是所画之景，"清梦"即双栖之愿。《潇湘清梦图》寄托的正是吴湖帆和周錬霞两情相遂的好梦。不过，在吴、周"清梦缠绵"的同时，吴湖帆对二人的未来将作何打算？他与续弦妻子顾抱真的关系又将如何处理？这些都成为摆在吴湖帆面前的一道道难题。

陈巨来刻"清梦赘言"白文方印

[1] 八首《南乡子》既属联章体，自应是同时而作。因其中一首已知收入《癸巳》手稿（见拍卖图录所附书影），而《癸巳》手稿据介绍收词起自1953年九月初三，故可推知八首《南乡子》当作于1953年秋冬之际。

[2] 见袁啸波《吴湖帆七十寿辰"词寿序"及祝寿礼单》，载《收藏·拍卖》2011年第7期、第9期。

[3] 1961年，吴湖帆为吕贞白书联，款中有云"余集此联语于清梦吟巢将十载矣"。从联语推断，"清梦吟巢"很可能指吴、周二人后来在"南陵"所赁的"小房子"。其事详见本书第十二章《结茅南陵》、第十五章《多病多愁》。

[4]《鹧鸪天》后面说，词中之一字一句，既如滴滴之珠泪，盘萦于心；又似盈盈之情丝，束缚于身。意中人如花解语，而词人如恋花之蝶，偏能知之。因二人多情多感，故相遇后惹来无限烦恼、无穷肠断。其实，词人并非缘于年老，才要隐晦词中的恋情，实在是因为所咏者为不合礼教的男女"闲情"，才不得不像陶潜一样有所晦隐。而写下这些晦隐之作，又实在是因为自己的钟情，并非如杜牧一样，仅仅疏放痴狂而已。（末句可参《佞宋词痕》卷六之《夜合花·次史梅溪韵》："是情钟、不是痴狂。"）

[5] 周錬霞原籍江西，却生长在湖南，因此她对"潇湘"的景物一直都有很深的情感，比如她也有《洞仙歌》云："念湘岩湘竹，湘草湘花，曾记否，是我儿时旧识。"那么，《潇湘清梦图》会不会是吴湖帆应周錬霞之请而作呢？我们虽无从得知，但看吴湖帆为一幅画作竟连题三首长调，足见他对此画极为重视，这在我们已知的吴氏题画词中，是很少见的。

九　碎心如剪

翻检《佞宋词痕》卷五，我们发现卷五中的作品基本是按照时间来排序的。[1] 而上一章所说的三首《洞仙歌》，既系于卷五之末，那从排序上推断，自当是吴湖帆在癸巳（1953）年冬所作。[2] 若细细诵读，又不难发现，三首《洞仙歌》中实寓有词人无限伤感之情绪。

第一首"千辛万苦。怎得共、合欢朝暮"，是说吴湖帆和周鍊霞虽

吴湖帆《洞仙歌》其一

洞仙歌　次元田大石調韻　其二

高唐賦臕雲軟雨誰說澡蘭香慈況玉肌
女吟紫謝娘吐雅環樓袖舞宮腰亞展
綺采霞霏紅紫月逺嬌姹數圖艷一笑
傾城無價　偷暇祇者向興來拓韻湔時
索酒醉拾芳草留連醒比麗花瀟灑風
流何事爭驚詩帳夢影梨雲和淚傷心
詩寫悔箋許盟言薄情如畫粉鏡鍊冶
自惜水流難捨相憐下縱孤負小鐙長夜

吴湖帆《洞仙歌》其二

洞仙歌　次元田中呂調韻　其三

攜手聯吟慣帕池水隱、春風吹淺愁青
賤嫩約紫蕭深院緗桃掩映宜入面龐
酒罷盈、留一上眵紅羅綰道不恨相逢何
處重經晚　遣倦暗期草、絮語家、會
少情長況似藥骨相思換得碎心如翦雙
樓好夢涼閒燕縱慈愛沾身花兩編尤
昏態月廂、極月瀟湘又無限亞少散待
了卻從頭願便飛来飛去翠樓簾捲
尋常見

和柳詞三首錄為
嶼川弟粲存
倩

吴湖帆《洞仙歌》其三

历经千辛万苦，却仍无法朝夕相守。第二首"怅梦影梨痕，和泪伤心诗写。悔几许盟言，历情如画"，则是说吴湖帆曾对周鍊霞许下盟言，其情景尚历历如画，但最终盟言无法实现，故惹出周鍊霞不少伤心之泪。第三首"况似染骨相思，换得碎心如剪"，则说吴湖帆对周鍊霞刻骨铭心的相思，最终却使得吴氏自己心如刀剪，痛苦不堪。

对此，我们不禁要问，既然在1953年夏秋之际，吴湖帆和周鍊霞已然两情盟定，那为何数月之后，吴湖帆又会产生如此伤感之情绪？在写三首《洞仙歌》的癸巳（1953）年冬，吴、周之间会不会曾发生过什么情感波澜？

之前笔者考证，1953年中秋节，吴湖帆因病足而未能与周鍊霞相会。不过从彼时二人来往的词句里，我们也能感受到，吴、周二人已经陷入了深深的爱恋之中。我们知道，在吴、周定情之际，周鍊霞的夫婿徐晚蘋已赴台湾多年，夫妇相会无期，周鍊霞事实上早已是单身的状态；但吴湖帆的续弦夫人顾抱真与吴氏结缡十余载，尚为吴氏的合法配偶。因此，吴、周二人纵然彼此相恋，却因吴湖帆已婚的状态，而无法真正长相厮守在一起，不得不面对"会少离多"的现实。[3]

那么，在定情之初，吴、周二人是否会对彼此未来的关系有所设想甚至有所探讨呢？我们今天已无从知晓。不过，在这样的问题上，男女双方往往会因立场的不同而有不同的想法。我们先看吴湖帆所填的一首《木兰花慢》：

> 度沧桑劫后，有谁可、慰余生。况斗草工夫，分茶才调，倒印风情。分明。旧尘似梦，便拚愁苦爱誓心盟。一笑琼楼倚月，相将花院吹笙。　几番商略雨中声。畸路忍重经。看紫燕巢忙，红莲池暖，绿水桥平。盈盈。木兰棹处，展风流文采靥倾城。莫道温台玉镜，何如仙侣云英。

吴湖帆《木兰花慢》

　　据《佞宋词痕》手稿一，可知《木兰花慢》是在1953年立秋后所作，其时吴、周二人定情未久。词中说，在历经了人生的种种劫难后，只有知己周鍊霞，才能让吴湖帆的余生得以安慰。何况周鍊霞还有着如李清照（分茶才调）和管道昇（倒印风情）一样的"风流文采"。这也就难怪吴湖帆会为之拚弃愁绪，萌生爱意，并与之海誓山盟了。

　　至于末两句"莫道温台玉镜，何如仙侣云英"，又该如何解释？按"温台玉镜"，是用东晋温峤玉镜台的典故。据《世说新语》记载，温峤曾以玉镜台为聘礼，取其堂姑之女，后世遂以玉镜台作为男女婚聘之代称。吴湖帆这两句是说，世俗中再美好的婚姻，也不如他和周鍊霞这样的神仙眷侣快活逍遥。言下之意，就是二人如果相爱，又何必去在意有无婚姻之形式。虽然这只是词人的无心之言，但从中，我们也不难窥见吴湖帆对世俗婚姻所持的一种态度。

其实，从吴湖帆的立场讲，有这样的态度也不难理解。不妨设想，人过中年，无意中得一人生知己，填词作画，唱予和汝，过着"仙侣云英"一样的生活，吴湖帆已然心满意足。而同时，家中的妻子顾抱真，从梅景书屋的侍女而成为第一流名画家的夫人，吴家的内内外外，如果没有顾抱真多年来的操持和付出，恐怕也是无法维持其体面与秩序的。从笔者所掌握的材料看，顾抱真嫁与吴湖帆十余载，并无什么过错，而且还曾为吴氏育有一子，惜不幸夭折。[4]吴湖帆当年为了和顾抱真结合，曾不惜与长子吴孟欧绝交，代价可谓不小。因此，纵然吴湖帆与周鍊霞两情盟定，但如果要他休妻而再娶，对吴氏来说，也仍然会是一个十分艰难的决定。

但如果站在周鍊霞的角度看，我们也不妨推想，周氏的夫婿徐晚蘋因兼祧两房，曾同时娶有两个合法配偶，周鍊霞只是其一。多年来，周旋于其中的周鍊霞，对这种不对等的男女关系早已深谙其苦。因此，吴、周定情后，周鍊霞希望彼此的关系能够稳定而正常，以免重蹈覆辙，可谓人之常情。何况，对一段正常关系的渴求，本来就是一个女人再正常不过的心理，更不用说像周鍊霞这样在艺苑文坛已驰誉多年的女画家了。[5]但从吴湖帆的《木兰花慢》来看，定情之初，吴湖帆并没有婚聘的打算。或许，对吴湖帆来说，顾抱真和周鍊霞如能和谐共存，才是他最乐意看到的局面。（此正像吴氏有意将潘、顾、周三人的痕迹并存于《佞宋词痕》或《梅花喜神谱》中一样。）

不过，到了1953年的冬天，我们发现，吴湖帆的态度似乎有所转变，且看他题《水村芦雁图》的两首《南乡子》：

　　笔阵雁排空。白雪芦花绛雪枫。眼底流霞怃共酌，生风。斗茗才华倒印红。　喁火忆相逢。鹧语犀心一点通。双管灯前脂粉饰，谁同。待看当头月正中。

　　醉拥紫霓裳。烛影摇红斗夜妆。还道谁家倾国艳，秋娘。吹面西风晚节香。　　万里喜眉扬。一叶扁舟浪破长。画愿先成诗梦谶，如偿。百琲明珠好聘量。

　　第一首《南乡子》的手稿亦见《吴湖帆文献》，手稿上有款云"十一月十四夜"。以此推断，二词很可能都是在1953年冬所作。第一首词笔者曾详细解读过，是说吴湖帆和周鍊霞合作《水村芦雁图》到夜深之际的故事。而第二首词则是续写吴、周二人合画至深夜后，微有酒意的女画家，醉拥紫裳，烛影摇红中，实有倾国之色。而画中一叶扁

吴湖帆《南乡子》二首

舟，破浪乘风，似乎透露出合画二人已有偕隐相守之意。如果画中之愿、诗中之梦，真能得偿，那词人又何惜以"百琲明珠"来聘娶佳人。

词中"百琲明珠好聘量"，透露出吴湖帆似乎已有聘娶周鍊霞的打算。这与三个月前所写"莫道温台玉镜"相较，二者之间，吴氏的态度已经发生了明显的转变，尽管这样的转变很可能是来自周鍊霞这边的压力，但吴湖帆最终能做出这一决定，也必然是经历了长时间的痛苦与纠结。笔者猜想，这时的吴湖帆，或许已向周鍊霞许下了长相厮守的盟言，承诺让这场"清梦"梦想成真，并决定向顾抱真摊牌，以尽早结束三人之间的情感纠葛。可惜，世事之发展往往不能尽如人愿，当时的吴湖帆显然是过于乐观了。

据吴湖帆《癸巳》手稿，在1953年"十一月望月夜"，吴湖帆又给周鍊霞寄去二词，向她诉说自己的痛苦与无奈：

传言玉女　次晁叔用韵

玉样伊人，一片朗怀如雪。素盟何许，暗愁肠似结。难道分浅，未补情天修阙。凭谁消受，等闲花月。　醉熟黄粱，渐醒来，梦又歇。絮泥巢燕，且湘帘试揭。红窗夜阑，好景物华堪说。当头金镜，望圆时节。

侍香金童　次赵惜香韵

一点灵犀，并展相怜惜。但花底多妨欢未得。粉泪娇凝犹滴滴。哀乐中年，过来应识。　奈又经，雨雨风风消尽力。况满眼繁华沉秀色。路曲轮回声不寂。黯省前程，甚时将息。

《传言玉女》开篇称赞"玉样伊人"的周鍊霞"朗怀如雪"，而词人因无法实现与她长相厮守的盟言，才不由得愁肠暗结。随后词人自

吴湖帆《传言玉女》《侍香金童》

问：难道我与她真的缘分太浅，不能弥补我的情感之缺？难道我对她的感情，最终只能是黄粱一梦吗？既然有情之人不能长相厮守，那不如揭起湘帘，让燕子飞到梁间去筑它们的爱巢。试看此刻，窗外夜色将阑，举头月明如镜，如此物华好景，恐怕以后也无人可与诉说了。

《侍香金童》说吴、周二人虽心有灵犀，但因会少离多，总要惹出伊人的"滴滴粉泪"。而中年人的哀乐之情，恐怕也只有过来人才能共同体会。二人历经了太多的风风雨雨，至此已觉心力交瘁。何况繁华易逝，韶年不再。此时，窗外的车声不绝于耳，黯省二人的情感之路，也同样崎岖未卜，这让百感纠结的词人如何安睡？

从这两首词来看，"百琲明珠好聘量"的美好愿望，最终还是彻底破灭了。其间所发生的种种变故，我们虽不得其详，但在周鍊霞、吴湖帆、顾抱真的这一场情感博弈中，吴湖帆显然已是筋疲力竭，但最终仍未能满足周鍊霞对一段正常关系的渴求。在吴湖帆看来，他已无法实现自己曾经许下的盟言，和周鍊霞或许缘分将尽，酒醒梦歇后，只能徒唤奈何了。

我们发现，从时间上看，《传言玉女》《侍香金童》与三首《洞仙歌》，都是写于癸巳（1953）年冬，而这五首词中又同样都流露出"有情人不能终成眷属"的伤感与遗憾。重读三首《洞仙歌》，第一首不正是说吴、周二人虽历尽"千辛万苦"，却仍无法结成眷属吗？第二首则说吴湖帆后悔自己轻易许下了盟言，最终却仍不得不辜负周鍊霞。第三首是吴氏感叹，既然彼此相恋却不能相守，那还不如化身为梁间的一对燕子，可以在广阔的潇湘翩翩而翔，最终于翠楼帘幕间得遂双宿双栖之愿。

至此，我们是不是已然明了，在题《潇湘清梦图》三首《洞仙歌》中，词人为什么会有如此伤感之情绪了。不过以上的分析，是笔者站在吴、周二人不同的立场上，分别揣测他们当时应有之心理，再将吴氏词中的种种线索，串连在一起，以尽量还原吴、周二人在这一场情感纠葛中的心路历程。虽然，今天已看不到更多的文字材料，我们无法了解上述过程中的所有细节。但推断吴、周二人在定情之后，即1953年秋冬之际，曾经发生过一场情感波澜，应该是"虽不中亦不远矣"的。

现在，问题又摆回到周鍊霞面前。在收到吴湖帆"十一月望月夜"寄来的两首词后，她将如何抉择？周鍊霞能否接受这样一段不尽如人意的感情？

对于周鍊霞的选择，我们在吴湖帆1954年初填写的《蝶恋花·拟屯田三首》（《佞宋词痕》手稿二）中可以间接找到答案：

生小多情非所偶。却感中年，往梦难回首。况味亲尝经已透。才华赢得还依旧。　　一点芳心谁与剖。萍水相逢，逢了休辜负。枕秘氤氲防泄漏，今生凤愿能偿否。

十二芙蓉迷翠袖。缭绕琼台，荡漾春心逗。两朵红霞波欲溜。酬云觅雨凭翻覆。　　绣被鸳鸯红浪皱。宝袜酥胸，不禁惺忪扣。宛转偷声相共奏，胶情漆意拼消受。

人面春风天诞秀。正似秾花，烂漫开时候。滴露流霞如中酒，情痴欲罢无方守。　　几度欢娱温泽后。沾得身心，欲语难施口。合遑魂消偎与就。高唐梦里何曾有。

三首词的手稿，亦见广东崇正2018年春拍，款云"《蝶恋花》三

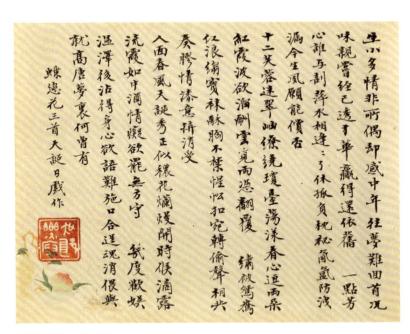

吴湖帆《蝶恋花》三首

首天诞日戏作"。"天诞日"即正月初九，而1954年的"正月初九"，距1953年的"十一月望月夜"，还不到两个月。从词中看，此时吴、周二人不仅在感情上已重归缱绻，而且彼此的关系上还更进了一步。按三词所写，不免香艳，不过词本就不忌艳情，只要语挚情真，笔重意厚，仍不失为好词。

吴湖帆说，既然"萍水相逢"已属不易，那就"逢了休辜负"。这句词除自表心迹外，也是劝周鍊霞放下心中的介怀，来共同珍惜这一段感情。从词意看，此时吴、周二人的关系如胶似漆，且已是欲罢而不能了。看来，吴湖帆许下长相厮守的盟言最终虽未能实现，但周鍊霞仍选择接受并继续这一段感情。

前文曾考，吴、周二人因同伤于中年哀乐，遂互许为人生知己。在1953年定情之后，无论是生活上的帮助，还是情感上的慰藉，对周鍊霞来说，都早与吴湖帆互为濡沫。而对彼此之感情，周鍊霞也同样是越来越难以割舍。或许因此，在经历了这场情感波澜后，周鍊霞最终还是选择了接受。其实，世间又哪里会有完美的爱情？往往正因为爱情中的缺陷和遗憾，才会让人们更加去珍惜。

1954年，吴湖帆和周鍊霞进入热恋期。出版记录二人恋爱故事的《佞宋词痕》，则成为他们当时的共同心愿。

---

[1]《佞宋词痕》卷五中的作品大体是按癸巳（1953）年春夏秋冬来排序的，如《清平乐·上元》《过秦楼》《五彩结同心·瑞莲》《蝶恋花·中秋无月》《醉太平·岁暮次辛稼轩韵》），就依次为上元、春末、夏日、中秋、岁暮而作。其中，《过秦楼》有"对余春旖旎"，可知作于春末。《五彩结同心·瑞莲》为题画词，原作款云："癸巳夏日对玉山顾氏瑞莲写照……"

[2] 在《万松金阙——朱昌言藏吴湖帆书画目录》中，有吴湖帆为《洞仙歌》（携手联吟惯）所绘之扇面，款云："癸巳春日，写《洞仙歌》词意图博茝弟一粲，

吴湖帆。"对此，读者或许有疑：本文中的三首《洞仙歌》，究竟是作于笔者所推定的"癸巳年冬"，还是画款中的"癸巳春日"呢？笔者以为，吴湖帆的落款仅为孤证，未可凭信，而三首《洞仙歌》从各方面证据来看，都应当是在1953年秋日后所作。第一，本章已说，从《佞宋词痕》卷五的编排顺序看，三首《洞仙歌》作于癸巳（1953）冬的可能性最大。第二，《洞仙歌》（携手联吟惯）的初稿又见于吴湖帆的《癸巳》手稿，而《癸巳》手稿中的作品据介绍都是在癸巳（1953）年九月初三后所作。第三，三首《洞仙歌》有小序云"题潇湘清梦图"，而吴、周间以"清梦"为题的填词作画，已知者全部作于1953年秋天之后。第四，从词意看，三首《洞仙歌》所写恰与1953年秋冬之际吴、周之间的情感波澜有关（详见本章后文）。而在1953年春，吴、周尚未定情，还不会在词中流露出"有情人不能终成眷属"的遗憾。

[3]《佞宋词痕》中表达吴、周二人"会少离多"的词作还有不少，如《菩萨蛮》"会少即离多。忍期无奈何"（卷五）；《洞仙歌》"暗期草草，絮语匆匆，会少情长，况似染骨相思，换得碎心如剪"（卷五）；《洞仙歌》"自花边着意，画里萦怀，总无奈、惆怅离多会少"（外编）；《斗婵娟》"纵脉脉离多会少。相逢月下吹笙好"（手稿卷九）；《珍珠帘》"只惜离多怜会少，但望断伊人秋水"（手稿卷九）。

[4] 参《吴湖帆与阿宝》，署名一介，见《大上海》1943年第5期。

[5] 其时，周鍊霞与徐晚蘋尚属分居状态，婚姻也未解除。但据1953年《中央人民政府法制委员会有关婚姻问题的若干解答》："依《婚姻法》规定，婚姻是一夫一妻制的。至于《婚姻法》施行前的重婚、纳妾，是旧社会遗留下来的问题，是否离婚，要看女方(妻、妾)要求来决定。如女方提出离婚，人民法院应依法准许其请求。"可知在法律层面上，周鍊霞已有权单方解除与徐晚蘋的婚姻关系。

十　词痕出版

今天翻开1954年出版的《佞宋词痕》，我们依然会为它的制作精美而赞叹不已。宋锦花纹的封面、双丝线的装订、蜜色上等的毛边纸、隽雅入古的小楷手书……似乎，梅景书屋承平旧日中的流风余韵，都呈现在了一本古色古香的线装书里。

当时，吴湖帆委托万叶书店的钱君匋负责《佞宋词痕》的出版事宜，吴氏嘱其不惜工本，务必要手书精印。而钱君匋也真尽心竭力，最终果然没有辜负友人的重托。据说，"印一诗集而如此求精、求善、

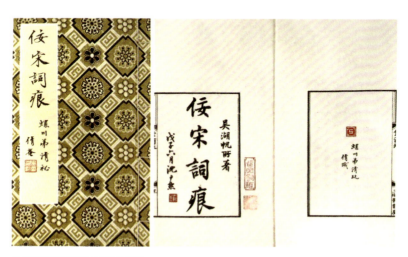

吴湖帆签赠周錬霞《佞宋词痕》

求美，作为出版家的钱君匋，尚是头一回遇见"。[1]

为什么吴湖帆会对此书如此看重？至少，有一个原因不能忽视。那就是《佞宋词痕》卷五及外编中的大量作品，背后都隐藏着吴湖帆和周鍊霞的恋爱故事，而在词集出版之际，吴、周二人又正处于热恋之中。因此，精印词集，酬报佳人，也无疑是对吴、周恋情最好的纪念。

作为"填词侣"，吴湖帆和周鍊霞除相互唱酬外，其实一直都在为《佞宋词痕》的出版共同做准备。1953年新秋，周鍊霞替吴湖帆抄录了《佞宋词痕》外编《和小山词》，并代和了其中的部分词作。之后，在词集的出版过程中，周鍊霞也始终是一个重要的参与者。可以说，将记录二人爱情故事的《佞宋词痕》出版成书，正是吴湖帆和周鍊霞在热恋初期的一个共同心愿。

检香港《大公报》1954年3月31日，刊有"吉用龙"《吴湖帆词兴不浅》一文。文中记载，不久前的某一晚，在上海国际饭店的丰泽楼上，觥筹交错，笑语不绝。这一次是吴湖帆和周鍊霞联合发柬，邀请沪上十位词家，来为他们的词集题词作跋。据说筵席之上，宾主尽欢，气氛十分融洽。同年6月7日，香港《大公报》又刊"吉用龙"《吴湖帆词心画趣》一文。文中详细介绍了新近出版的《佞宋词痕》，并对这部词集给予了很高的评价。

按"吉用龙"的两篇文章皆见潘伯鹰之《小沧桑记》，故知"吉用龙"正是潘伯鹰的笔名。[2] 至于第一篇文章中参与宴会的十位词家，虽未点出姓名，但翻检1954年影印出版的《佞宋词痕》，不难发现，瞿宣颖、向迪琮、杨天骥、孙成、文怀沙、龙元亮、潘承弼、孙祖勃、冒效鲁九人曾为词集题词作跋，而且落款时间都在"癸巳冬日"至"甲午正月"间，这恰恰是该文刊发的"不久前"。

据此，我们不仅能大体还原出当日丰泽楼上宾主人员的名单，同时还可以了解到，《佞宋词痕》牌记上虽云"吴氏梅景书屋癸巳年印"，但其实直到甲午（1954）年初，《佞宋词痕》仍未出版。当时，吴、周二人邀请瞿宣颖等题词作跋，实际正是词集出版前的煞尾工作。而到第二篇文章刊发时，《佞宋词痕》出版未久，以此推算，词集的真正出版时间大约是在1954年的4、5月间。

在丰泽楼的夜宴上，受邀题词作跋的诸位词家，大多与吴湖帆关系匪浅，而且赴宴又是在吴湖帆和周鍊霞的共同邀请下。那么，作为《佞宋词痕》的最初读者，他们有没有发现书中隐藏着吴、周二人的爱情故事呢？

不妨先看看杨天骥所题的《微招》：

> 承平旧日人年少，重来鬓丝俱老。双管写生绡，剩兰闺残稿。绮怀慵未扫。拚付与、丹青歌啸。淮海屯田，蘋洲竹屋，略同襟抱。　梅萼伴闲庭，寒香里、便有箫鸾仙调。金缕逗微波，况螺鬟清妙。芝芙怜梦杳。却赢得、知音玉貌。冶春近、斗翠簪红，悔相逢不早。

看来，杨天骥早读懂了《佞宋词痕》背后所隐藏的吴、周故事。他虽叹吴、周"相逢不早"，却仍感二人"知音"难得。词中，用"螺鬟"点出周氏之号。而"金缕逗微波"，自是指"摩诃池"约会后吴、周二人唱和《金缕曲》的韵事。

对此，吴湖帆也答和了一首《微招》，词云："检金奁初稿……待相约、绿窗吟啸……省多少、刻骨缠绵，奈艳阳非早。"这也是坦承检点稿中之词，多是与周鍊霞"相约绿窗吟啸"之作。而这些词中更不知藏有多少"刻骨缠绵"，只可惜人过中年，才彼此相恋，的确是"艳阳非早"了。

杨天骥《徵招》

吴湖帆《徵招》

我们再读读梅景书屋门人孙祖勃所题的《踏莎行》：

> 镂月裁云，雕章摛藻。画楼清梦凭多少。蜀笺细写翠螺新，小山乐府东山调。　帘幕遮花，池塘生草。分茶斗韵情难了。尊前一曲按红牙，相将万古闲愁扫。

词中"画楼清梦"，当是猜出了《佞宋词痕》中"清梦"的特殊含义。之后，同样用"翠螺"点出周氏之号。而"小山乐府"，自然是指由周鍊霞抄录并代和部分作品的《和小山词》。这三句，句句不离周鍊霞，说明孙祖勃对吴、周二人的关系也是了然于胸。

还可以再看看外编《和小山词》前，龙榆生所题的《鹧鸪天》：

> 梦向瑶台酒一钟。春回双颊见微红。小蘋归后生明月，仙掌行来怯晓风。　知相忆，定重逢。口脂深印两心同。临川公子悲凉意，尽在红牙按拍中。

龙氏词中"口脂深印两心同"，显然也是用周鍊霞"但使两心相印"的名句。我们知道，外编《和小山词》正是吴、周二人的通力合作，那么这里所说的"两心同"，自然也是指作为"填词侣"的吴湖帆和周鍊霞了。

我们发现，杨天骥、孙祖勃、龙榆生等，尽管都看出了吴、周二人的亲密关系，但他们的题词因为要印在公开出版的词集上，所以始终不能说得太过直白。不过，朋友间私下的通信就不一样了。比如潘伯鹰，在收到《佞宋词痕》后，除用笔名"吉用龙"向香港《大公报》投稿外，他还专门给吴湖帆写去一札（见西泠印社2018年春拍），以示感谢：

　　倩庵先生左右：刘定老转下惠赐大集《侫宋词痕》，多谢多谢！一时枕上已尽读矣。诸名家评语已传其妙。弟意卷五及外编似多属闲情之作，何妨仿宋贤词话之例，由公自撰笔记叙其本事，以为他年佳话耶？如《小山词》，至今惟有叔原自记一篇及山谷跋略知梗概，使人恨其本事不全，故不能无望于执事及早为之也。如意一时不便发刊，不妨存俟他日。谢安陶写，无损其人之功业。况吾侪元不预人家国耶。且一时闲事，在当时或不免有不知者之风言风语，年久则不足为累。竹垞宁不食两庑特豚，而不删《风怀二百韵》。至今竹垞如江河行地，而当时訾厉之头巾诸老，皆不能举其名矣。鄙意如此，高明以为何也？专此布谢，敬问著安不一。伯鹰再拜，四月九日。

　　通读此信，我们看出：一、刘定之转来的《侫宋词痕》，潘伯鹰于枕上一时尽读，落款时间是"四月九日"，虽不知是新历旧历，但总归是词集出版后不久，这与我们之前考定词集出版在4、5月间基本吻合。二、潘伯鹰已看出《侫宋词痕》的卷五及外编"多属闲情之作"，这无疑也证实了笔者之前的推断。只不过，潘伯鹰尚不能完全读懂词作背后的故事，因此才恨其"本事不全"。三、对词中所涉之"闲情"，潘伯鹰不光认为"不足为累"，反而还建议吴湖帆"自撰笔记叙其本事"，之后又以晏叔原、谢太傅、朱竹垞等人为例相勉，对吴湖帆鼓劝不休。在落款后，潘氏仍觉言犹未尽，又书一纸云：

　　紫宜才情笔墨实多可称，以前才女亦不过如此。即如顾柳诸君，若无当时芝麓、牧斋为之导誉，何能传乎？古董韵事，必须随时制造，否则此事中断，他日有识者将谓吾徒此时竟无能手也。公亦自大顺否？

潘伯鹰以顾横波、柳如是比周鍊霞，建议吴湖帆学龚鼎孳、钱谦益能"为之导誉"，要"制造""韵事"。而对于潘氏的谆谆之言、殷殷之劝，我们并未看到吴湖帆有付诸行动，真的留下什么笔记文字来记述他和周鍊霞之间的恋爱故事。不过，从潘伯鹰的例子中，我们也不难推想，吴、周二人的亲密关系，必然会随着《佞宋词痕》的出版，而为更多的朋友所知。毕竟，外编《和小山词》全部由周鍊霞替吴湖帆抄录，这已足能彰显二人关系之亲密。而卷五所咏之"闲情"，恐怕也难逃彼时词客诗家们的法眼。窥斑见豹，在当年吴湖帆的朋友圈中，吴、周之韵事必然曾引起过不小的议论。

那么，更多的朋友会发现吴、周二人的亲密关系，这是否有违吴湖帆的本意呢？

我们发现，在《佞宋词痕》出版后，为该书题词的龙榆生，因未收到赠书曾向吴湖帆索要。而吴氏在复函中，已隐约透露过自己的态度：

> 榆生足下：拙词之刻本，儿戏而已。外编之作，原与山水着色相同，引人注目罢了。刻成后记得奉兄者，属鍊弟支配，取其近便也。（或因太便反漏？希亮兄转亮。）今悉尚未收到，当即属转上不误，岂有足下处不求正也……[3]

前文曾说，周鍊霞在《佞宋词痕》出版过程中，始终是一个重要的参与者。在出版前，她曾和吴湖帆共同发柬，邀请十位词家来为词集题词作跋。而从这封信札看，在出版后，同样是由周鍊霞负责一部分样书的管理和支配。[4]

吴湖帆致龙榆生函

按周鍊霞住上海巨鹿路383弄1号，龙榆生住巨鹿路393弄5号，居处可谓"近便"，由周氏"支配"其书，自在情理之中，不料却反被遗漏。不过也正因为这次遗漏，我们才有幸读到吴湖帆的这封信札。而对《佞宋词痕》的外编为何要请周鍊霞代为抄录，我们也正好从此札中看到作者所做的一个解释——"外编之作，原与山水着色相同，引人注目罢了"。

我们不妨借此来探寻一下吴湖帆的微妙心理：笔者曾考，《佞宋词痕》卷五的隐讳，是吴湖帆怕自己和周鍊霞的恋爱关系为世人所知，大干物议；而《佞宋词痕》外编的设置，却原来又是唯恐世人不知自己与周鍊霞的恋情，而有意要"引人注目"。这样的心理看似矛盾，却又十分真实。

我们知道，在吴湖帆内心深处，一直艳羡着赵孟頫、管道昇似的画坛伉俪，以及赵明诚、李清照般的填词眷侣，他对"唱予和汝"的生活一直有着一种深深的眷恋。而在潘静淑去世后，续弦夫人顾抱真却无法满足这样的心理需求。直到周鍊霞的出现，埋在吴湖帆内心深处的"唱予和汝"之情结才得以重新满足。[5] 因此，作为"闲情"，他虽然有不得不隐讳的苦衷；但作为"爱情"，他又想"引人注目"，希望与人分享，甚至是博人艳羡。1954年，吴湖帆将《佞宋词痕》付梓并广赠友朋，实际上也是有意将自己和周鍊霞的亲密关系以一种含蓄的方式公之于"朋友圈"中。[6]

既然在词集编排上如此煞费苦心，目的就是为了"引人注目"，那吴湖帆内心当然是希望自己与周鍊霞"唱予和汝"的韵事能为更多的读者所知。从我们今天所掌握的材料看，在当年广赠友朋后，吴湖帆还陆续将《佞宋词痕》赠送给上海市人民图书馆、南京图书馆、江西图书馆……（见北京匡时2014年秋拍各图书馆给吴氏回函）后来，吴湖帆更将此书通过袁希洛转赠给毛泽东。[7]

可以说，当时的吴湖帆虽年逾花甲，但多年心血之作《佞宋词痕》能够顺利出版，与意中人周錬霞又正鹣鲽情浓，人生可谓志满意得。只是此时的他，又哪里能料到，三年之后，一场大规模的"反右"运动竟会全面展开，除了阶级出身、平素言行、与张大千等人交往通信外，记录自身爱情故事的《佞宋词痕》，竟然也会成为一项重要罪名，而使他遭罹劫难。

———————————

[1] 见程天良《吴湖帆精印"词痕"谢知音》(《上海艺术家》1998年第3期)。

[2] 潘伯鹰《小沧桑记》中写吴湖帆的两篇文章，是祝淳翔兄在香港《大公报》上为我查出的。

[3] 此札见《字响调圆——龙榆生藏现当代文化名人手札展作品集》(中国作家书画院、东升汇龙榆生研究室2017年)。

[4] 笔者所藏《佞宋词痕》，即是由周錬霞签赠给徐曙岑者。在周錬霞的签名下，还钤有"周錬霞"和"吴湖帆"两印。至于受赠者"曙岑"，即杭州诗家徐行恭(徐字曙岑)。1950年代中，周錬霞和徐行恭、陈兼与、林松峰等常为文酒之会，诗词唱酬不断，是关系很密切的诗友，而徐行恭与吴湖帆却不熟识。或许，《佞宋词痕》出版后，周錬霞替吴湖帆将之赠与徐行恭，请这位精于诗词创作的名家予以指教。

[5] 丁卯(1927)年，吴湖帆曾为潘静淑作联，悬于梅景书屋，联云："水阁云窗，湖光十里；唱予和汝，春色三分。"(《吴湖帆文献》)此联嵌"湖""春"二字，暗扣吴湖帆、潘树春之名。1953年初，吴湖帆又填《河满子》词："绮结三生霞佩，采翻十里湖光。"(《佞宋词痕》外编)暗嵌"霞""湖"二字，表达了吴氏对周錬霞的爱慕。看来，"十里湖光"虽然依旧，"唱予和汝"的对象却已发生了变化。

[6]《佞宋词痕》除普通本外，当时还专门制作了十部"特印精本"。其中之一，即赠予周錬霞的一部，曾现身于西泠印社2019年秋拍。经笔者核查，"特印

精本"专有函套，为冯超然题签，封面签条则为吴湖帆手书并题赠款，封面及内页用纸较普通本为佳。在"特印精本"的扉页，印有吴湖帆题记："《佞宋词痕》成书，有关十家特印精本，十部分存插架，适十人生年天干巧合齐全。如冒鹤亭丈（癸酉）用癸字，叶遐庵丈（辛巳）辛字，汪旭初兄（庚寅）庚字，冯超然兄（壬午）壬字，钱君匋兄（丙午）丙字，钱镜塘兄（戊申）戊字，周螺川女弟（己酉）己字，俞子才学弟（乙卯）乙字，任书博学弟（丁巳）丁字，梅景书屋自存倩庵（甲午）甲字。因依之编记，增书林佳话。倩庵记。"

[7] 袁希洛将《佞宋词痕》转赠毛泽东事，详见申闻《扇面、画册与〈佞宋词痕〉——吴湖帆与毛泽东交往补证》（载《澎湃新闻·上海书评》，2019.12.4）。

十一　唱予和汝

　　1954年，是吴湖帆创作力异常旺盛的一年。

　　从癸巳（1953）冬到甲午（1954）冬，吴湖帆陆续完成了《江山如此多娇》册页。这批画在十二张角花笺上的微型山水，可谓吴氏仿古出新的集大成之作。《江山如此多娇》尺幅虽不甚大，却被评为"是迄今为止所见最为精彩、宏大的吴湖帆作品"。[1] 此外，甲午（1954）七月，吴湖帆又创作了水墨山水《稼轩词意图》。此图浑厚滋润中不失淋漓酣快。《稼轩词意图》后来入选1955年第二届全国美术展览会，可谓吴氏笔墨已臻化境之作。[2] 另外，甲午（1954）十月，吴湖帆为众弟子说法，又作《临黄子久富春山居图卷》。此卷笔墨华滋，格调高古，气韵超绝。虽云临摹，却更重在临写意境，追求神似，而不拘泥于原作的一山一石，一草一木。[3]《临黄子久富春山居图卷》同样为吴氏晚年炉火纯青之作，在2011年北京翰海秋拍中，此卷以近亿元的价格成交，至今仍为吴氏画作在拍场中的最高纪录……

　　为什么1954年，吴湖帆在艺术创作上会如此大放异彩，取得众多不凡的成就？

　　恐怕，除了多年的艺术积累外，这一时期艺术家本人的情感经历，才是更为重要的一个原因。前文已考，1953年冬，吴湖帆和周錬霞虽经历了一场情感波澜。但到1954年初，二人即重归于好，而且感情更笃。甲午（1954）正月，吴湖帆填有《蝶恋花·拟屯田三首》《鹧鸪

吴湖帆《江山如此多娇》（选四）

吴湖帆《稼轩词意图》

吴湖帆《临黄子久富春
山居图卷》

天·为紫宜补六花卷二首》《念奴娇·步紫宜书和小山词后韵》等等。[4]
这些词中，无不流露出词人与意中人两情相遂后的兴奋与喜悦之情。
可以说，从1954年开始，吴湖帆和周錬霞即进入热恋期。因此，这一
年中的吴湖帆，创作力异常旺盛，创作激情奔涌而出，艺术生命可谓
达到了巅峰状态。

其实，对这样的创作激情，吴湖帆自己也曾有过描述。1955年春，
吴湖帆在为冒鹤亭所画《写经图》第十二卷上，曾作跋语云：

> 今年春节往贺岁，丈出示诸卷，余与錬霞同读一过，因以第
> 十二卷殿尾自任，丈亦笑会。归而图之，不觉气蒸云梦，心系潇
> 湘，追怀北苑南宫，双管齐下，淋漓满幅，聊慰丈白云孤飞之心，
> 并希察正，得不谓小子狂情尤未已耶。[5]

不难看出，吴湖帆和周錬霞合画之际，"不觉气蒸云梦，心系潇
湘……双管齐下，淋漓满幅"，这说明激情状态下的吴湖帆，已达到一
种心手两畅的境界。而这种创作激情一直持续到作题跋之时，吴湖帆
仍感到自己"狂情尤未已"。毫无疑问，正是因为吴、周间的热恋，才
会让他们在书画合作中产生如此之激情。

除书画外，1954年吴湖帆和周錬霞还填写了大量词作，也多达到
了极高的水准。而从这些词作中，我们也恰可窥见热恋中吴、周二人
交往的种种情形。试检《佞宋词痕》手稿二，在1954年春，吴、周二
人就为冒鹤亭重赋鹿鸣联吟《点绛唇》、为清刘石庵所刻"艳雪"田黄
印联吟《浣溪纱》、以北京崇效寺牡丹移植社稷坛为题分别赋《天香》
和《雨中花令》等。此外，吴湖帆还为《螺川诗屋图》题写《解语花》、
为周錬霞画《双儿扑击图》题写《浣溪纱》……[6] 二人唱予和汝，文
酒过从，几无虚日矣。

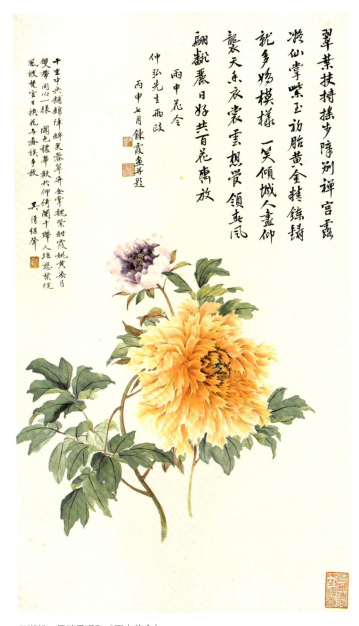

翠葉扶持撲步障 別禪宮裏

漾仙掌紫玉初胎黄金捲繡

就多嬌模樣 一笑傾城人盡仰

藹天衣素雲想賞 領春風

翩翮震日好共百花齊放

雨中花令

仲弘先生雨政

丙申七月 鍊霞畫并題

十丈中央舖錦鄣 醉芙蓉翠金障紫酣霞姚黄赤月
雙帶周心一樣 圆色鑲華歟共仰倚閣十瓣人瑶憩紫院
鳳披梵官日換花与春談多故

吳湖帆

吳湖帆、周鍊霞唱和《雨中花令》

吴湖帆、周鍊霞联吟《浣溪纱》

而在1954年春，吴、周往来唱和的众多词作里，"甲午清明"二人互相酬答的二十首《采桑子》，最为引人注目。这二十首热恋中写下的小词，可以说也是吴湖帆和周鍊霞交往十余年中最为精彩的一组唱和。

周鍊霞十首《采桑子》云：

> 湖边最忆填词侣，倘共寻诗。拈断吟髭。买个扁舟任所之。
> 帆樯如画波如织，短短杨丝。灼灼桃枝。诉与心期总不知。
>
> 登山最忆填词侣，紫韵红腔。刻羽调商。拍遍檀槽自酌量。
> 白头娇鸟花间唱，唱断回肠。依旧难忘。也为离人鬓有霜。
>
> 灯前最忆填词侣，彩笔长吟。花帽慵簪。料得离情一样深。

潇潇夜雨敲窗急，自展罗衾。难涤愁心。千里相思许梦寻。

泛舟最忆填词侣，眠食如何。莫奈情何。画阁朝来几客过。湖波照影分明见，离日无多。离绪偏多。瘦减些儿小酒涡。

踏青最忆填词侣，花自多嫣。柳自三眠。渲染双堤分外妍。暖风吹得春如醉，蝶粉羞粘。蝉鬓慵偏。明日何人拾翠钿。

行吟最忆填词侣，放鹤亭空。玉带桥东。敲遍阑干响瘦筇。湖山倘入王维手，曲涧高峰。滴翠匀红。活画才人锦绣胸。

品茶最忆填词侣，龙井香侵。虎跑泉斟。一盏能舒宛转心。重煎更觉余甘冽，绿乳深深。白雾沉沉。合伴诗禅坐啸吟。

传真最忆填词侣，宝匣从容。晶镜玲珑。摄取春魂一霎中。西湖缩影分明在，云气朦胧。岩石青葱。争似荆关画笔工。

归途最忆填词侣，午夜灯明。倦眼犹醒。无限思量梦不成。纵教来日重相见，此刻凄清。车走雷声。恨不双肩有翼生。

挥毫最忆填词侣，一曲阳关。回梦初阑。香擘红笺墨色殷。中年同是伤哀乐，甘苦辛酸。滋味俱谙。未易相逢别更难。

吴湖帆《采桑子·次六一西湖好韵十首答螺川》云：

清明时节西湖好，逞着秾华。小别侬家。历辘声中走夜车。楼台倒景留行客，风暖春哗。水腻波斜。新苑重开故眼花。

恰逢上巳西湖好，杏雨霏红。絮雾冥蒙。浓淡相宜国艳风。轻衫短帽家常态，凡绪难空。心系房栊。寻梦春宵透漏中。

繁华自古西湖好，花港逶迤。春晓苏堤。缓步垂杨倩影随。凌波回忆浑如梦，双桨曾移。明月涟漪。隐隐青山燕掠飞。

山明水秀西湖好，花雨多妍。莺燕争喧。锦簇霞翻火烂然。重寻廿载千金梦，一枕游仙。何似人间。细逗琴心十四弦。

春光迤逦西湖好，回首年时。流水难追。对月相思付酒卮。
放怀一棹迎斜照，脸印霞晖。心托波微。浅扫螺痕色也飞。

鸳鸯飞对西湖好，浴戏前汀。碧镜波平。锦带桥边画桨横。
因缘天与安排定，石上三生。月下双清。何必闲愁觅醉醒。

缤纷过眼西湖好，花发思鲜。酒被愁眠。倩拍红牙按素弦。
新词细写情难遏，书印心田。笔拂吟鸾。消受知音便自仙。

离情犹恋西湖好，花溢秾时。柳外春旗。两地同心系梦随。
中年才识愁滋味，闲把芳卮。半醉依微。辛苦俱谙合共归。

匆匆临别西湖好，且上归轮。去似行云。一霎韶华又饯春。
六桥烟水多留恋，笼袖骄民。旧梦重新。花坞斜阳恼煞人。

归来还忆西湖好，试扣琴弦。先把情传。高阁香薰自在眠。
湖山领略人如画，簪帽花鲜。清梦流连。不负春光姹紫天。

吴、周往来酬答的二十首《采桑子》，皆收入《佞宋词痕》卷
七。周鍊霞词前，吴湖帆题云："甲午上巳，适值清明，螺川旅杭，
寄怀《采桑子》十首。"据此可知，1954年的上巳节与清明节恰好为
同一天。这一天，作杭州之游的周鍊霞，似乎曾写下《采桑子》十
首。而吴湖帆后来也以十首《采桑子》来酬答。其实，二十首小词
并非一次完成。从吴氏稿本中，我们不难了解这二十首《采桑子》
的创作过程。

检《佞宋词痕》手稿二，有吴湖帆《祝英台近·寒食晚饯紫弟旅
杭》一首（亦见《佞宋词痕》八卷后第一卷），词云：

正清明，逢上巳。佳话久传矣。可是花前，拚醉我难理。又
偏店舍无烟，依依相语，忍几日、别离情味。　　且分袂。还想湖
水粼粼，湔尘绿裙底。螺黛春山，画眉展修禊。但凭紫燕归时，

雕梁巢稳，便低卷、湘帘同倚。

此词写1954年清明前的寒食节，周錬霞赴杭前，吴湖帆为之饯别。虽说只有几日的"别离情味"，但已陷入热恋的吴湖帆，仍然依依不舍，盼望着意中人周錬霞能早早归来。第二天，吴氏又填《好事近·清明》一首，仍见于《佞宋词痕》手稿二：

> 细雨洒芳尘，昨夜正逢寒食。几许别离情味，付梦中春色。
> 未行先向订归期，密意自心出。望断今宵何处，又茫茫难释。

此词紧承上一首，说"昨夜"的"别离情味"，尚无处排遣，而"今宵"不知佳人"何处"，其别绪愁怀则更加"茫茫难释"了。不难看出，此时的吴湖帆，对周錬霞已是"一日不见兮，思之如狂"。而在《佞宋词痕》手稿二中，此词之后即吴湖帆《采桑子·柬螺川次六一西湖好韵四首》。再之后则附周錬霞原唱，题曰"螺川忆怀六首附录"。

原来，周錬霞最初所作的《采桑子》只有六首，吴湖帆答和的也仅有四首。而周錬霞寄给吴湖帆这六首小词的原稿，今日尚庋藏于上海图书馆。原稿之上，题云"采桑子六首拟饮水"，款曰"倩兄正拍螺弟草"。大概是欧阳修（六一）以"西湖好"开篇的《采桑子》一共有十首的缘故，不久后，吴湖帆又补作了六首，亦抄入《佞宋词痕》手稿二。再之后，吴氏请周錬霞也补作四首，以凑足十首之数。

今天，我们重读这二十首小词，只觉遣词华美，出语缠绵，真可谓情见乎辞的佳作。从周錬霞的十首《采桑子》里不难看出，在杭州之游中，周氏无论"登山""泛舟"，还是"踏青""品茶"……

湖边最恼填词侣　侣共寻诗　抛断吟笺贾个扁舟任所之

帆樯如画波如织　短短杨丝　袅袅桃枝　诉与心期总不知

登山最恼填词侣　紫韵红腔　剖羽调商　拍遍檀槽自酌量

白头娇鸟花间唱　断回肠　依旧肠难忘　也为雏人鹫有雱

灯前最恼填词侣　侧帽长吟　采笔慵就　料离恨一样深

蓬蓬骤雨敲窗急　自展罗衾　难滤谁心　千里相思梦寻寻

泠舟最恼填词侣　眠食俱忘　莫惹秦情　去闯朝来我实实

湖波照影分明见　离日无多　离绪偏多　瘦减些儿小泛波

归途最恼填词侣　午夜灯吟　倦眼猶醒　无限里星梦不成

纵教来日重相见　此刻凄清　车走雷奔　恨不双肩有翼生

挥毫最恼填词侣　一曲阳关　迴迴梦初阑　红摩素笺墨色蓝

中年同是伤宸乐　甘苦辛酸　滋味俱谙　未易相逢别更难

采桑子六首搬欲水

倩先　正拍　螺子妇

周錬霞致吴湖帆词札

都无时无处不在"最忆填词侣"。而这位"填词侣"的名字，其实也早已藏头在第一首小词中的"湖边最忆填词侣"和"帆樯如画波如织"里。[7]

细味周錬霞的十首小词，笔调轻快，吐属隽雅，风致绝妙。即便言愁，也不作悲戚之语，这正是周氏填词的一贯特点。我们如对比吴湖帆写给周錬霞的词作，则常常是以愁绝之言，述相思之苦。而周錬霞只一句"料得离情一样深"，即足以敌之。若再检吴、周恋爱期间往来唱酬的诸多篇什，我们会觉得吴氏常常一往深情，而周氏相较之下，则不免时有保留。其实，这只是二人性格不同，并非用情深浅之别。我们看第四首"眠食如何。莫奈情何。画阁朝来几客过"，不正说明周錬霞对吴湖帆的饮食起居、梅景书屋中宾客往来之情形，也无时无刻不在挂怀中吗？而"离日无多。离绪偏多。瘦减些儿小酒涡"，虽写周氏自己为相思而瘦损，然下笔却只觉风流骀荡，绝无悲苦之意。

从第九首"归途"和第十首"挥毫"来推断，周錬霞的六首《采桑子》，应当是从杭州回到上海后所作。其中第九首写周氏乘车夜归，其时已值深夜，眼虽疲倦而人却难眠，这是因为对吴湖帆的无限相思，让她无法安眠。纵然明日二人即可相见，但"此刻凄清"，让她已无法忍受，词人恨不得能立刻长出一对翅膀，飞到意中人身旁。这样的作品大胆言情，直抒胸臆，毫无伪饰之辞。从中不难看出，热恋中的周錬霞也同样难以忍受相思之苦。

第十首"中年同是伤哀乐，甘苦辛酸。滋味俱谙。未易相逢别更难"，仍提到1953年立秋次夕吴、周于"摩诃池"畔共话中年哀乐的旧事。周氏以为，甘苦辛酸，人生的诸般滋味，二人皆以尝尽，相逢已属不易，相别则更加为难矣。对此，吴湖帆回答说："中年才识愁滋味，闲把芳卮。半醉依微。辛苦俱谙合共归。"也是说人过中年，似乎才真正领略到爱情的滋味，而人世之甘苦辛酸既已尝尽，那二人理应携手同归。

读词至此，笔者每每不无感喟。当年写下这些小词之时，热恋中的吴、周二人谁也不会料到，数年之后，一场场政治运动即会接踵而来。人生中其实还有更多的"甘苦辛酸"，是他们当时没有尝过也不会想到的。而在一场场风吹雨打之后，有情人最终也无法携手终老。遗憾之余，恐怕也只能归责于命运之无常了。

至于甲午（1954）清明上巳的这场小别，在吴湖帆后来的词稿中，我们还常常能看到因此而泛起的阵阵余波。比如，《佞宋词痕》手稿三中，有《渔家傲·二首次周清真韵》（亦见《佞宋词痕》卷八），吴湖帆自注"甲午清明"和"提在《采桑子》后"。但从稿本编排顺序来看，两首词当是在甲午（1954）秋冬所写，可知是追忆之作：

> 寒食东风情恻恻。湖边尘梦愁如积。画舸亭亭临水国。难禁得。重来鸥鹭谁曾识。　心似行云身似客。当年醉舞红楼侧。忆侣闲吟消旅席。聊自适。潇潇雨听窗前滴。
>
> 漏永无闲沉雨昼。词心荡漾迷娇秀。争奈归来谁茗斗。从别后。愁肠缕绾丝丝柳。　秋水迢迢波剪溜。焚香篆细萦红袖。省得惜花如病酒。情欲久。韶华莫负秋时候。

再检《佞宋词痕》手稿五，又有《八六子·次杜牧之韵甲午清明》一首（亦见《佞宋词痕》卷七），可知也是追写离情之作：

> 恋情深。换来心事，铜雀金兽云沉。听翠羽恍若无言，红醑重延浅醉，盈盈暗歆风衾。　凭谁九回肠转，绛袂凉生，兰麝慵薰，鬇鬡愁侵。甚流连，偏逢禊修烟禁。漫天飞絮，梦寻

何处，桃李斗媚，林莺自啭，春风几度曾临。正凝思，池塘半晴半阴。

一年之后，1955年旧历三月初三，吴、周二人终于得遂心愿，一起到上海南陌踏青赏花，共度佳节。而重逢上巳，吴湖帆不由又想起去年与周鍊霞小别之事。当时，在为这次郊游所作的《蝶恋花·次晏小山韵十五首》中，吴湖帆仍有句云："今日去年回首记。小别难堪，莫道相逢易。……忆侣孤吟无别计。珍珠尽化相思泪。"这里虽是感慨旧事，但从中我们也能读出，一年前热恋之中的乍然分别，曾经让吴湖帆有多么的不堪忍受。

至于吴湖帆这十五首《蝶恋花》，仅见于《佞宋词痕》手稿四，为影印本所不载。我们不妨抄录于此：

陌上春风吹不尽。几度飘来，香卷温柔阵。消得浓酲红欲困。无言只悔当初恨。　今日花前重向问。手把花枝，脉脉探芳信。一缕思萦心寸寸。合教朝暮长亲近。

重步琼楼闲倚望。碧树阴阴，听得黄鹂唱。深意芳心都一晌。晴波风动千丝浪。　溪面桃花红腻涨。魂断秦川，一棹还相向。三月初三眉月上。尖新斗妩如弓样。

共泛清波歌摘遍。双桨夷犹，仿佛瑶池宴。斜日情蒸巾替扇。吹凉月放银丝练。　酒力微侵红粉面。笑答盈盈，回忆初相见。翠柳迎人知路转。谢桥飞过春风怨。

俊约同心鞯并驾。紫陌游情，容易春催夜。芳景收将宜入画。亲题小字床头挂。　笑道去年花底下。携手行吟，几许风流话。明月穿窗堪暂借。千金一刻谁容罢。

恨道相逢生分晚。情到深时，翻觉长江浅。春去春来疑近远。团花簇锦烘春满。　　碧海迢迢流不断。倚暖偎寒，永漏常嫌短。雨密风斜侵鬓乱。年华暗去争偷换。

远岫齐烟螺点小。别样宫眉，画出新妆巧。一曲绿腰非草草。罗裙展映春光好。　　燕子来时偏未早。束羽差池，花径双飞少。芳讯撩人休左了。秾华点缀湖山晓。

今日去年回首记。小别难堪，莫道相逢易。转恁和衣难熟睡。依稀回梦钗头翠。　　十样眉笺词里字。点点行行，都是离情意。忆侣孤吟无别计。珍珠尽化相思泪。

南陌探花携手去。枉道踏青，多少凝情处。三角车轮闲似许。清明恐作纷纷雨。　　两岸垂杨千万缕。魂断行人，惹得萦愁绪。带系同心休再误。斜阳芳草迷归路。

一笑嫣然增妩媚。春色宜人，闲把轻妆试。厌得旧时红粉腻。青山淡染生新意。　　恨海珍禽知况味。甘苦亲谙，欲语无方比。怀抱何如冰雪地。此情只向同心寄。

春晓奁开花气动。细雨凝寒，乍厌枝头重。蕊卷虾须蝉鬓鬆。熏风吹暖屏消冻。　　熳拆桐花初引凤。紫玉箫声，缭绕秦台弄。平展瑶湘谁与共。依稀兜率华胥梦。

罨画归帆停歇浦。梦断芙蓉，合称言司女。红瘦绿肥频寄语。海棠知否谁为主。　　管领风流天赋与。渐近清明，又怕廉纤雨。花底春寒经几许。双飞紫燕巢辛苦。

飞絮繁红千万树。满眼缤纷，窄地迷秦路。云锦凌虚机锁杼。斜阳一棹归何处。　　箭羽流光金一缕。桃李争妍，细剖中心苦。挽得柔丝萦寸绪。结茅栖隐餐霞露。

佳景流连情且住。碧水粼粼，萍迹终相遇。雨过风回愁日暮。高楼遮断云来去。　　恁识南徐芳草路。小阁幽窗，相倚倾心素。休认当时桃叶渡。黄昏画舸无寻处。

云锁翠微仙掌路。俯仰移时，仿佛兰台遇。回忆经行肠断处。多情曾被无情误。　　绚烂文章归淡素。月下重逢，真色凭谁据。唾碧吟红藏密绪。无声琴扣心弦柱。

明月盈华轻雾散。锦侣心期，甚得双成愿。一日几回亲面见。屏山恍隔蓬山远。　　万种思量千计遍。恨晚相逢，莫道相逢晚。缘障重经偏不怨。有情眷属终春满。

通读十五首《蝶恋花》，可知吴湖帆和周鍊霞在1955年上巳节里，携手南陌，踏青赏花，没有再辜负旖旎的春光。不难看出，在经历了1954年的热恋之后，1955年吴、周二人仍旧缠绵缱绻。而在这十五首小词的背后，其实还隐藏着吴、周二人热恋中的另一个故事。有关此事，我们需要从一部《全芳备祖词钞》说起。

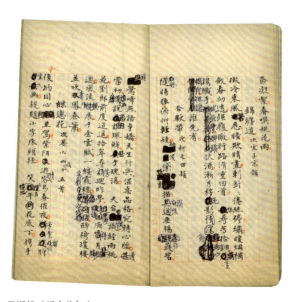

吴湖帆《蝶恋花》之一

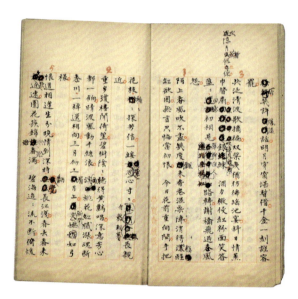

吴湖帆《蝶恋花》之二

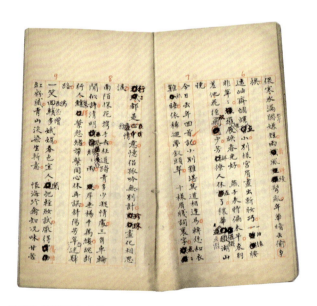

吴湖帆《蝶恋花》之三

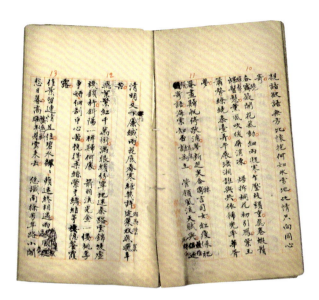

吴湖帆《蝶恋花》之四

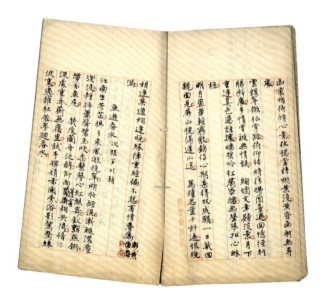

吴湖帆《蝶恋花》之五

[1] 见王叔重《最后二十年：吴湖帆与毛泽东的交往片段》(《澎湃新闻·上海书评》，2019.2.6)。

[2] 吴湖帆《辛稼轩词意》著录于1955年《第二届全国美术展览会》作品目录中。

[3] 参冯天虹《吴湖帆与〈富春山居图〉有缘》，收入《近代海上画坛五人——"三吴一冯""海上四家"艺事琐记》。

[4]《蝶恋花·拟屯田三首》见《佞宋词痕》手稿二，据广东崇正2018年春拍，可知是吴湖帆1954年天诞日（正月初九）所作；《鹧鸪天·为紫宜补六花卷二首》见《佞宋词痕》补遗，据周鍊霞旧藏陈淳《花卉六段锦》，为吴氏1954年正月十五日所题；《念奴娇·步紫宜书和小山词后韵》见《佞宋词痕》补遗，据广东崇正2018年春拍，为作者1954年正月十六日书赠周鍊霞。

[5] 吴湖帆此跋转引自《冒鹤亭先生年谱》。

[6]《天香》和《解语花》亦见《佞宋词痕》卷六，其他几首则皆见《佞宋词痕》八卷后第一卷。其中，为冒鹤亭重赋鹿鸣的《点绛唇》，是吴、周在冒氏寿宴上即席而作，即作于1954年三月十五日；咏"艳雪"田黄印的《浣溪纱》，据广东崇正2018年春拍，为吴氏1954年三月廿四日所书。

[7] 在周氏后人所整理的《女画家周鍊霞》里，"帆樯如画波如织"已改作"乌篷如画波如织"，此当为吴、周恋情结束后，周鍊霞所修改。

十二　结茅南陵

（一）

　　梅景书屋旧藏《全芳备祖词钞》，为吴湖帆持赠周錬霞之物。[1]
在该书卷首，有一幅吴湖帆手绘的红梅图，画款云："先向百花头上
开。乙未花朝写于《全芳备祖》册首。吴湖帆。"

　　"乙未花朝"，即1955年农历二月十二日——花朝节。[2] 这一天，
爱梅成癖的吴湖帆，特意在《全芳备祖词钞》的卷首，画下一枝疏
秀挺劲的红梅。似乎，浓浓的春意和缕缕的幽香，也都随着这枝红
梅飘到了梅景书屋的画案上。

　　这一天，为什么吴湖帆会有这么好的兴致？按花朝节中，城中男
女有到郊外踏青赏花的习俗。而在《佞宋词痕》手稿四里，我们也找
到一首《蓦山溪·次黄山谷韵花朝》：

　　　　花朝浅约，俊侣成欢偶。天气乍阴晴，省逢迎、风娇雨秀。
临岐悄悄，蓦道踏青游，浓意透。腰支瘦。别馆人相候。　梅亭
置酒。履迹刚前后。款语趁回车，索相思、双心红豆。追情逐爱，
好事却匆匆，眉尖柳。魂消否。留恋频低首。

　　词中所写，正是乙未（1955）花朝吴湖帆和周錬霞的一场约会。

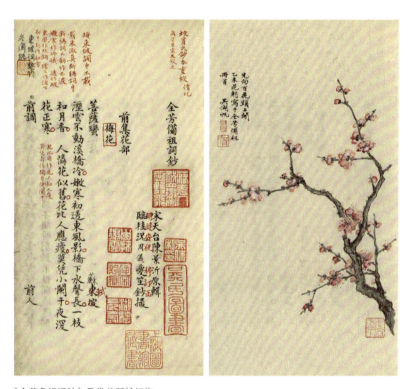

《全芳备祖词钞》及卷首所绘红梅

是日，风娇雨秀，吴、周二人到郊外踏青赏花，郊游之后，又悄悄订约于"别馆"。或为避人耳目，二人虽刻意分头前往，却又刚好前后而至。"别馆"外似有一亭，亭畔梅花盛开，恰可置酒其中。二人"追情逐爱"，只恨好事匆匆。而彼此之缠绵，尤让人留恋不舍。或许，这一天吴湖帆在《全芳备祖词钞》的卷首画下红梅后，将书赠与周鍊霞，作为花朝节二人梅亭欢饮的纪念。

　　按词中"别馆"者，外宅也，即吴、周二人的一个秘密幽会之所。在1955年初，吴湖帆和周鍊霞是否真有一处可供"追情逐爱"的"别馆"呢？在北京保利2017年春拍中，有一张章士钊"题沪上周吴故事"的诗札 [3]（亦见《吴湖帆文献》），其中记载：

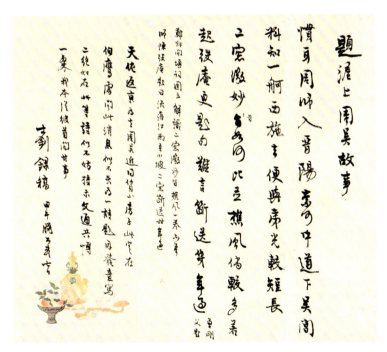

章士钊"题沪上周吴故事"诗札

天佐返京，为言周、吴近得赁小房子，此定在伯鹰处闻此消息，似不失为一诗题……甲午腊不尽七日。

看来，在甲午腊月（1955年1月），章士钊已知吴、周二人租赁了一处"小房子"，作为他们的幽会之所。而乙未花朝（1955年3月），吴、周在郊游后所过之"别馆"，很可能正是这所"小房子"。不过，在吴湖帆后来的词作中，我们再也没有发现"别馆"二字。但这处固定的幽会之所，吴湖帆和周錬霞既然会时时过访，那在《佞宋词痕》中也就不可能不留下种种痕迹。

（二）

1954年中秋，吴湖帆和周錬霞用宋词人史达祖"月波疑滴"为首句，各赋了一首《清平乐》（《佞宋词痕》手稿三）。吴湖帆词云：

月波疑滴。华采流虹湿。何事姮娥羞更怯。半掩云纱笼碧。茅斋清梦常圆。金风玉露同餐。一笑情天双影，今宵分外团囵。

周錬霞词云：

月波疑滴。滴向琼杯液。万里云涛铺粉墨。吞吐金蟾弄色。年年碧海青天。嫦娥应悔成仙。照彻清秋良夜，争如人月双圆。

前文曾考，1953年的中秋节，吴湖帆曾因病足未能与周錬霞相会。后来，周錬霞在寄给吴湖帆的词中说："无奈负情天。月圆人不圆。"而一年后的"清秋良夜"，吴、周二人则同在"茅斋"，联吟新词，终于遂了"人月双圆"之梦。这里，吴湖帆盼望能和周錬霞"清梦常圆"的"茅斋"，会不会就是他们所租的"小房子"呢？

在甲午（1954）岁末，吴湖帆又填了两首《抛球乐》（《佞宋词痕》手稿三），其中第二首仍提到了1954年中秋：

> 花底闹红一叶舟。月波疑滴醉中秋。偏藏茅屋无风破，小筑宜城当酒谋。紫燕飞来去，可似当年王谢楼。

"偏藏茅屋无风破"显然是反用杜甫《茅屋为秋风所破歌》，指吴、周二人中秋相聚的"茅斋"虽然简陋，却足可遮风避雨，作为二人的诗酒流连之所。从时间上看，能够"清梦常圆"的"茅斋"在吴湖帆词中出现的时间，与章士钊记载二人租房的时间也基本吻合，都是在甲午（1954）年秋冬之际。

再看1955年花朝后不久，吴湖帆填写的另一首《青玉案·次贺方回韵》（《佞宋词痕》手稿四）：

> 钿车合向南陵路。恁拾翠、探芳去。婉约茅亭知几度。绿阴深巷，紫烟重户。隐隐留欢处。　青山浅染为朝暮。倚月联吟赌新句。一笑修眉添妩许。玉台笼绮，粉奁凝絮。春噀桃花雨。

词中虽云"茅亭"，但从"倚月联吟赌新句"来看，这里很可能正是半年前吴、周联吟中秋词的"茅斋"。后来，笔者发现此词初稿"婉约茅亭知几度"果然曾作"偃月茅斋欢几度"。（初稿夹在《佞宋词痕》手稿四中。）看来，"茅亭"就是"茅斋"。在1954年的《清平乐》中，"茅斋"是吴、周二人"清梦常圆"之所；在1955年的《青玉案》中，"茅斋"又是二人"几度""留欢"之处。二者互证，不难猜出，"茅斋"或"茅

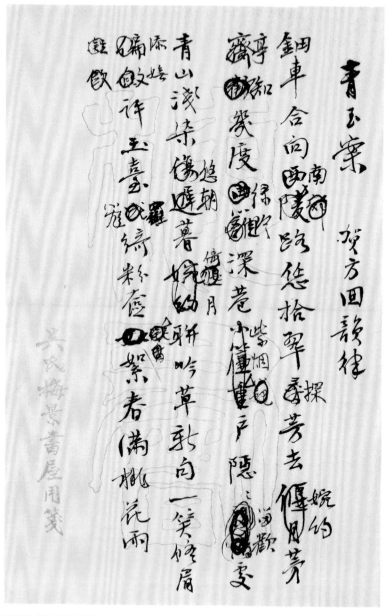

吴湖帆《青玉案》初稿

亭"就是吴、周1954年所租的"小房子",地址则在"南陵"路上。

明乎此,我们也就同时解开了《佞宋词痕》中的另一个谜题:原来,从1955年开始,吴词中屡屡出现的"南陵",都是指吴、周所租"小房子"的地址。比如,1955年寒食前后,吴、周二人小别数日,吴湖帆作《南乡子》(《佞宋词痕》手稿四)云:

> 小别若经年。三日非常意惘然。听雨楼头寒食里,天天。目断南陵曲巷边。　尘梦可人怜。儿女情多乱绪牵。指望安排归计早,悬悬。相见言无一笑嫣。

然而,笔者遍查上海的新旧地名,却始终找不到"南陵"二字。会不会"南陵"本来就不是现实中的地名?它只是吴湖帆为了隐讳"小房子"的真实地址而在词中虚拟的地名?若果真如此,那在吴湖帆使用过"南陵"或出现过"茅斋""茅亭"的词作中,我们能不能梳理出一些线索,来一探"南陵"的真相呢?

笔者注意到,在《青玉案》的原稿上,其实就有一处重要线索。即"钿车合向南陵路"中的"南陵",最初作"西陵",后来改作"南郊",最终才定为"南陵"。从这几处改动分析,"南陵"很可能位于上海的南郊,位置或许会稍稍偏西一点。

另外,在《佞宋词痕》卷七中的《尉迟杯·次周清真韵》里,也有一段对"南陵"周边环境的描写:

> 南陵路。傍曲水、日暮行千树。云深艳说当时,花密娇生何处。丝杨细袅,偏绿惹、春风拂烟浦。想忘机、倦旅浮沉,片帆寻梦来去。　回思画阁凝愁,嗟尘暗多妨,只省珍聚。指拍红牙温如玉,浑未罢、箫吟凤舞。凭谁向、芳茅绮结,慰离绪、相逢

一笑语。恐迷阳、姹紫嫣红，又倾多少仙侣。

　　据此词可知，"南陵"傍有"曲水"，可以看到"丝杨细袅"和"春风拂烟浦"的场景，而从"片帆寻梦来去"推断，此水应该具备一定的通航能力，有可能还是一条比较重要的河道。在《佞宋词痕》手稿卷九的《轮台子》中，吴湖帆也说，"记兰舟并泛，去水悠悠南陵道"，同样能证明"南陵"是有水路可通的。

　　此外，在吴湖帆1955年初所填的《内家娇·次柳屯田韵》（《佞宋词痕》手稿四）中，笔者还发现一处重要线索：

　　　结绮茅亭，傍邻谢馆，遥指静坊春霁。闲修画谱，宜有词仙占得，翩翩多媚。倚醉玉搔曼舞，偎香步摇飞翠。对倦途向往，离情铸爱，风露谁计。　十里芳尘消脸际。未损旧时殊丽。省横塘迢递。认紫水罗裙，溅痕尽弃。几许柔肠回处，偏生素心灵气。燕来却入室双双，好教一笑迎睇。

　　词中虽未出现"南陵"，但首句之"结绮茅亭"，和《青玉案》中"婉约茅亭"、《尉迟杯》中"芳茅绮结"一样，都是在暗指"南陵"路上的"小房子"。词中说，"茅亭"附近环境优美，适宜词仙画侣。因此吴、周二人向往此处，自然不辞路途遥远。下片"十里芳尘消脸际。未损旧时殊丽"，则说周鍊霞奔波来此，大约有"十里"之遥，而一路上的风尘已消散于脸际，并没有减损她昔日的美丽。这里明确提到，周鍊霞到"南陵"的距离是"十里"，虽然这只是词中的约数，可能不足十里，也可能十里有余，但总归不会差距太大。我们不妨以周鍊霞的寓所——巨鹿路383弄采寿里为圆心，画一个十里的半径，看看它与上海南郊大概交会在什么位置。

周鍊霞寓所往南"十里"的地图

　　从图中不难看出，周鍊霞寓所往南"十里"，偏西一点，正是当时龙华镇（今日龙华街道）的位置。龙华镇位于上海西南郊，此地恰好又有一条水上要道——龙华港。龙华港多湾，旧有"龙华十八湾"之谚，极符合"傍曲水"之说。也就是说，龙华能完全满足上述三个条件，这里会不会就是我们所要寻找的"南陵"呢？

　　继续探索龙华，我们又会发现，从龙华镇往西，不远处就是1950年代新建成的龙华公墓（今日漕溪路龙华殡仪馆的位置）。在1954年清明节前，龙华公墓内的烈士墓区也已修建竣工，在社会上引起过广泛关注。[4] 会不会恰恰是因为"龙华公墓"——这处位于上海南郊的陵园，吴湖帆才会想到用"南陵"来代指"龙华"呢？

　　如果这个推断不错，那吴湖帆的目的，自然是要隐藏"小房子"在龙华的真相。但笔者发现，在提到"南陵"或"茅亭"的词作中，我们依然可以找到一些线索，来证明"小房子"与龙华的关系。

　　比如，吴湖帆《尉迟杯》中说："云深艳说当时，花密娇生何处……"这两句词的背后，就隐藏着一段与龙华有关的历史。近代以来，龙华以桃花而闻名。所谓"柳绕江村，桃花十里"，龙华的桃园之多，桃花之盛，可谓沪上一绝。但到1930年代后，花事日衰，桃园亦所剩无几。正如金嗓子周璇在歌中所唱："上海没有花，大家到龙华……龙华的桃花都搬了家……"（《龙华的桃花》）而对1920年代就已定居上海的吴湖帆、周錬霞来说，当年龙华的桃花之盛，想必都曾目睹过。1950年代，吴、周重游龙华，不见十里桃林，自然会不胜今昔之感。"云深艳说当时，花密娇生何处"，正是二人感慨，当年龙华桃林灿烂如云，桃花处处繁茂，而斯景今日已不可复得矣。其实，在新中国成立后，龙华镇政府又开始在河边、道旁以及龙华公园（今龙华烈士陵园的一部分）内补种桃树，以期稍复旧貌。因此，吴湖帆《青玉案》中的"春噀桃花雨"，正是对补种桃花后龙华特有风貌的描写，也非泛泛之笔。

此外，再读吴湖帆的《内家娇》，我们还发现，此词开篇"结绮茅亭，傍邻谢馆"，在《佞宋词痕》手稿四中，曾作"偶履珠宫，傍邻谢馆"。按"珠宫"有二意，一指龙宫，二指寺院。而龙华镇之得名，正是因为镇上有上海历史最久规模最大的古刹——龙华寺，而龙华寺又恰恰有由龙宫改建而来的传说（事见《龙华寺舍利记》）。因此，吴湖帆用"珠宫"之典来形容的寺庙，又要位于距市区十里且傍有曲水的南郊，符合条件的就只能是龙华寺了。"偶履珠宫"正说明他们的"小房子"距龙华寺不远，二人可以随时来游。

至于"傍邻谢馆"，其背后也隐藏着另一条重要线索。按"谢馆"，此处当指东晋谢安的宅馆，即"王亭谢馆"之意。这里是说"小房子"之旁，有如南朝王家、谢家那样有权势者的宅馆。其实，我们前文所引《抛球乐》中也已说过："紫燕飞来去，可似当年王谢楼。"同样是用这个典故。两词都是为了说明，在"小房子"之旁，"当年"曾有一

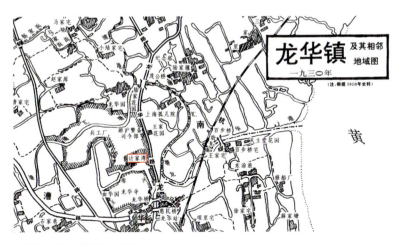

龙华镇1930年代地图（局部）

处有权势者的"谢馆"。只是"旧时王谢堂前燕"，后来"飞入寻常百姓家"了。

如果参考一下龙华镇1930年代的地图，我们会发现，在龙华寺的北边，正是赫赫有名的淞沪警备司令部，这可是当年上海地方最高军事首脑机关的所在地，比之曾为东晋最高军事长官谢安的宅馆，真是再贴切不过了。再看地图，龙华寺与淞沪警备司令部之东即龙华路，再往东则是"曲水"龙华港。按吴氏词意，"小房子"当是在"曲水"之旁的"南陵路"上，看地图，也就是在龙华港之西的龙华路上。此外，《内家娇》既云"偶履珠宫，傍邻谢馆"，那"小房子"最有可能还是在"珠宫"与"谢馆"之间。从地图上看，龙华寺与淞沪警备司令部之间的计家湾，正好符合上述条件。根据《龙华镇志》的记载，计家湾也似乎是唯一一处紧挨淞沪警备司令部旧址的居民区，最符合"傍邻谢馆"之意。而看20世纪90年代的照片，当时的计家湾依然保留着那种"曲巷""重户"的面貌，这与吴湖帆《青玉案》中的"绿阴深巷，紫烟重户"和《南乡子》中的"目断南陵曲巷边"也极为吻合。[5]（按1990年代，计家湾也仍以计姓居民为主，可推想数十年来的变化并不大。再按1954年吴、周在"茅斋"共度中秋时，吴氏亦作《拜星月慢》云："便相将味郁陶陶醉，忘却道巷曲深深闭。"同样说明"小房子"位于深深之曲巷中。）

　　当然，要说吴、周所租的"小房子"就在计家湾，目前尚缺少直接证据。但根据吴氏词中的众多线索，断定"小房子"在龙华，殆无疑义也。笔者猜想，吴湖帆、周鍊霞当初将"小房子"选在龙华，应该是费过一番斟酌的。龙华既地处南郊，无市声之喧嚣；又距市廛不远，得交通之便利；而且水乡泽国，景色秀美，风物宜人，故能为词仙画侣所钟爱。[6]

20世纪90年代计家湾民宅照片

（三）

再说1955年花朝，吴湖帆和周鍊霞之所以会过"小房子"幽会，想必正是二人来龙华踏青赏花的缘故。如细读《佞宋词痕》手稿四，我们会发现，1955年春，吴、周二人频频有龙华之游。

除前文所引《内家娇》《蓦山溪》《青玉案》等外，这一时期吴湖帆还写有《绮寮怨》："向紫陌占尽春风，龙华里斗艳旗亭。"是专咏龙华桃花者。（这也是吴氏词中唯一有提及"龙华"二字者。）《锦缠道》："恁寻芳拾钿，悄携纤手。试新丰醉头扶酒。"《合欢带》："天台犹识，经雨桃花，刘郎前度迢遥。拾翠寻芳回昨梦，记香阶，待月相邀。"则都是写郊游中二人拾翠寻芳等韵事。（两词若与《青玉案》"钿车合向南陵路。恁拾翠、探芳去"合看，可推知郊游的地点也当在龙华。）此外，上一章曾说，1955年农历三月初三，吴湖帆和周鍊霞踏青赏花，吴氏更作《蝶恋花·次晏小山韵十五首》记其事。按沪上本有"三月三，上龙华，看桃花"的风俗，而十五首《蝶恋花》中也有"南陌探花携手去""结茅栖隐餐霞露"等语，二者互证，可知吴、周二人仍是来龙华作上已修禊。

至于1956年到1957年间，吴、周过访"小房子"的情形，因二人词作不多，我们亦难窥其详。不过，到1958年春，吴湖帆又填《莺啼序·次吴梦窗春晚感怀韵》一首（《佞宋词痕》手稿五），既道出了词人当时的心境，也透露出与"小房子"有关的一点线索：

> 人生病欺易老，且深居闭户。暗尘锁、泉石膏肓，讳说憔悴春暮。乍楼外、流莺诉彻，阴阴几许销魂树。凭东风、吹浪成团，乱飏飞絮。　隔院甃疏，旧馆梦绮，叹微茫似雾。正无赖、寒食

莺啼序　次梦窗春晚感怀韵

人生病欺易老　每深居閉户　暗塵鎖泉石濟　背詩說惻春

暮簾外流鶯訴徹隂　戰許消魂樹憑東風浪故團亂

飄飛緊　隔院鞦韆綺館夢綺　嘆微茫似霧　正無賴寒食

蘭陵道左杜曲巢荒竚短期

輕煙淺情難逗心素　但殷勤吟箋萬疊怎抛得慈烏千綬

暝翦雲沾雨蘭淨

沒芙蓉掩飲湖光訪鷓尋鷺　望眼空感畫樓斜

倦旅卻思把蹔青遊興

顛事桃根閒話休牵雙漿庸舟約　晚惠横塘渡低個

舞事過了拍同明月紅蘿織指時共奏趁辰絃湘瑟調蘭

付傷鷺亭試檢題華年衫袖醉酒啼痕寶鏡慵覷淚絹潛

縈陌重經怕拾花鈿漫惜盡凝香土　圃循翠鑷冷落環梳史

柱應知多少相思麗日金釜閒誰契否

按梦窗此詞刻李水鄉　渴寄旅紅蘿枝為尚水鄉寄旅依之

又第三段米句原詞刻作淡墨惜波塵土此句校其他二詞應作云平去

平上墨字入作平惨淡二字應用去平　余輒淘寒時單抄時滄波

兩字誤惨淡今用盡凝晚作云平又可作去讀與惨淡省合耳

貞白我兄詞壇鑒正

吳倩錄上

吴湖帆《莺啼序》

轻烟，浅情难逗心素。但殷勤、吟笺万叠，怎抛得、愁丝千缕。
浸芙蓉、拚饮湖光，访鸥寻鹭。　南陵道左，杜曲巢荒，伫短期
倦旅。却忍把、踏青游兴，望眼空感，画阁斜曛，剪云沾雨。兰
亭韵事，桃根闲话，休辜双桨扁舟约，带春潮、晚急横塘渡。低
徊紫陌，重经怕拾花钿，漫惜尽凝香土。　因循翠镊，冷落琼梳，
更自伤鬓芒。试检点、华年衫袖，醉酒啼痕，宝镜慵窥，泪绡潜
舞。黄昏过了，招同明月，红罗纤指时共奏，趁哀弦、湘瑟调兰
柱。应知多少相思，丽日金茎，问谁契否。

　　经历了1957年的"反右"运动后，吴湖帆多病多愁，"深居闭户"，
在本应踏青游赏的春暮，却写下"吟笺万叠"，来排遣他的"愁丝千
缕"。可以看出，此时的吴湖帆已然心力交瘁，而"人生病欺易老"正
是他当时最深切的感受。词中，第三片"南陵道左，杜曲巢荒"，正说
明"南陵"已然许久不去，而城南的那所"小房子"更早是付诸一片
荒凉矣。（"杜曲"系用"城南韦杜"典，借指城南。）

　　看来，最晚到1958年春，龙华的"小房子"就不再是吴、周二人
的幽会之所了。毕竟，当时的局势和环境都发生了变化，而吴湖帆的
精神和身体也均已大不如前。从此，龙华陌上的旖旎春光，只能是珍
藏在二人词句里的美好回忆了。

―――――――

　　[1]《全芳备祖词钞》，见西泠印社2015年春拍，是书封面及函套题签均出吴
氏手笔，且全书经冒鹤亭、赵叔雍、吴湖帆、周鍊霞等汇校题跋，并钤有"吴氏
图书""吴倩私印"等，可知为梅景书屋旧物。又因书中另有"鍊霞珍藏""螺川
诗屋"等印，故可推知此书后来由吴湖帆赠与周鍊霞。

　　[2] 南北各地因气候有异，花朝节也常常有不同的时间，如农历二月初二、
二月十二、二月十五等等。按吴湖帆跋《恽南田为王石谷父子画秋山雨晚袖珍

双卷》时曾云："去年仲春十三日，慈亲诞辰，先一日花朝，十七人摄全影……"可知吴氏是以农历二月十二日为花朝。（见佘彦焱整理《梅景书屋题跋记》[续]，载《历史文献》第九辑，上海古籍出版社2005年。）

[3] 北京保利2017年春拍中，有"章士钊致潘伯鹰及友朋诗稿、书札"专场。最初承朱铭先生相告，其中有多通调侃吴湖帆、周鍊霞情事的诗札。如《翊云谈吴湖帆事邮诗两律以成一笑》《再调吴湖帆六绝》《题沪上周吴故事》《二窗绝句十一首》等。章士钊之诗，主要在潘伯鹰、江庸、谢稚柳等友人中流传，词语尘下，谑而近虐。但从中，我们也可窥见在《佞宋词痕》出版后，吴、周之恋情流传于朋友圈中的一般情形。

[4]《新民报晚刊》（1954.4.4）刊有《龙华公墓烈士墓区修建竣工》的通讯。

[5] 本章所举《龙华的桃花》、《龙华寺舍利记》、龙华镇20世纪30年代地图、计家湾民宅照片等，皆引自吴春龙主编《龙华镇志》（上海社会科学院出版社1996年）。

[6]《新民报晚刊》（1954.3.20）所刊《春天的郊区公园》云："龙华公园是由龙华寺的血花园改建起来的……龙华的交通非常方便，从市区出发可先乘车到徐家汇，再搭五十三路公共汽车直达园门。如果你有步行的兴趣，可搭五路、二十一路公共汽车到龙华路下车，步行约半小时就到达公园了。"

十三　重理残稿

（一）

2002年出版的《佞宋词痕》十卷本，后五卷影印自吴家后人提供的一本《佞宋词痕》第二册底稿。2017年，在"孤帆一片日边来——吴湖帆文献展"中，《佞宋词痕》第二册底稿才首次呈现在世人面前。在它发黄发脆的封面上，我们看到吴湖帆亲笔所题"佞宋词痕卷六、七、八、九"的字样。而"九"字后被墨笔勾去，下注"原九改十之上"。

我们知道，《佞宋词痕》八卷之后，是未标卷数的两卷。那两卷之中，究竟哪一卷从"卷九"改成了"卷十之上"呢？我们看八卷后的第一卷，收词有七十首之多；而第二卷，收词只有十五首。从数量上推断，能改为"卷十之上"的，应该是这个收词不多的第二卷。（因前八卷每卷收词都在五十首左右。）

至于八卷后的第一卷，为何也不标卷数？我们看第一卷所收词作，既多且杂，有不少是应酬与唱和之作；从时间上看，跨度也大，甚至有数首还是曾见于手稿一但在1954年出版五卷本时就已经被删掉的作品。从内容上看，这一卷与卷六、七、八迥然不同，可谓单独整理的一卷补遗。看来，在《佞宋词痕》第二册底稿中，各卷顺序原本应为：卷六、卷七、卷八、补遗、卷九。之后，吴湖帆因另行整理了手稿卷

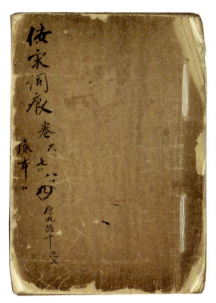

《佚宋词痕》第二册底稿

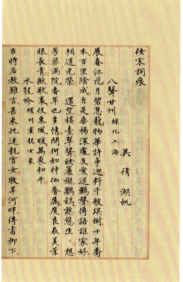

《佚宋词痕》八卷后第二卷

九（即见于2014年匡时秋拍者），才将这里的"卷九"改成了"卷十之上"。[1]

对此，我们不免会有一个疑问：为什么补遗要置于原卷九之前，而不是放在全书的最后呢？其实，如果将影印本与手稿本两个系统进行比较，不难发现，卷六、七、八和补遗中的作品，多来自手稿三和手稿四，也有少数来自手稿五（补遗中还有数首来自手稿一）；卷九、卷十中的作品，则只来自手稿五，而无一首是来自手稿三和手稿四的（当然也有不见于上海图书馆五部手稿的其他词作）。这是不是意味着，卷九、卷十的整理时间，可能会不同于卷六、卷七、卷八和补遗呢？

好像还不能遽下结论。笔者注意到，卷七中来自手稿五的《婆罗门引》《角招》和《红楼慢》，是吴湖帆在1959年至1960年的作品。而卷九、卷十中录自手稿五的作品，也都是迄于1960年的。也就是说，卷六、七、八和补遗中的作品，与卷九、卷十中的作品，时间下限似乎都在1960年，那就无法证明它们的整理时间究竟谁早谁晚了。

不过，一次偶然的机缘，笔者有幸核查了《佞宋词痕》第二册底稿。核查后意外发现，卷七中的《婆罗门引》《角招》和《红楼慢》，原来都有贴补过的痕迹。因此，这三首词并不能作为证明卷六、七、八和补遗是在1960年后才抄录整理的证据。（其中《婆罗门引》《角招》在卷七目录中的相应位置也已被挖空，显然二词曾通过贴补替换了其他词作。）

而卷七中的《黄莺儿》、卷六中的《桂枝香》（二词大约作于1957年底至1958年初），虽也录自手稿五，却无贴补痕迹，这是我们已知

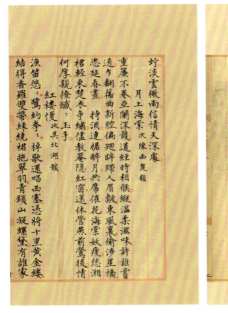

《红楼慢》之贴补痕迹　　　　　　　《婆罗门引》《角招》在目录中被挖空

除《婆罗门引》《角招》和《红楼慢》外，在卷六、七、八和补遗中创作时间最晚的作品。而卷九、卷十中的作品，凡录自手稿五的，又恰好都是从1958年初才开始的。

基于以上的发现，我们是不是可以得出这样一个结论：《佞宋词痕》十卷本（加手稿卷九），实际是分三次整理而成的。第一次是在1954年出版的《佞宋词痕》五卷本；第二次是在1957年底至1958年初，作者将五卷本刊印后的作品，整理为卷六、卷七、卷八和一卷补遗（补遗只是针对前八卷的补遗）；第三次则是在1960年后，作者将1958年以来的作品，又整理为卷九和卷十之上，可能由于吴氏身体的原因，卷十之下最终却没有完成。

至于吴湖帆为什么会在1957年底至1958年初第二次整理《佞宋词痕》？笔者以为，这或许和1957年"反右"运动中吴湖帆将彼时手稿"统统付之一炬"有关（见戴小京《画坛圣手——吴湖帆传》）。也许正因为当时焚毁了部分手稿，所以今天在《佞宋词痕》手稿四与手稿五之间，才出现了一个时间缺口，即从1955年8月至1957年10月。不过，词稿虽或被焚，词作却未必一同湮灭。在"反右"结束后，吴湖帆根据焚余留存的其他底稿，又开始继续整理《佞宋词痕》，这其实多少带些抢救性整理的意味。而这一次新整理出的卷六、七、八和补遗，起讫时间自然是从1954年初至1958年初。（当然补遗卷中还补录了数首1954年以前的作品。）而在这些作品中，1955年8月至1957年10月间的词作也同时被保存了下来。只不过，这些词作是在被打乱时间顺序后，才被重新编入四卷词稿里。

既然时间缺口中的作品还在，那我们可不可以通过排除法，将它们重新找出呢？具体来说，就是在1954年初至1958年初的作品中，通过上海图书馆所藏的五部手稿，排除掉1954年初至1955年8月和1957年10月至1958年初的作品。那么剩下的，自然就是时间缺口中的作品了。

我们不妨试验一下。《佞宋词痕》卷六、七、八和补遗中现存词作二百零三首，通过上述方法，排除掉已见于上海图书馆所藏五部手稿中的全部词作后，尚余八十九首。从数量上看，将四年的词作排除两年后，剩下将近一半，基本算是合理。再从这些作品本身看，八十九首词作中标明创作时间的有《浣溪纱·花朝寿姚虞琴丈九十丙申》《菩萨蛮·寿冒鹤亭丈八十四丙申》《十六字令·丁酉元日为富华画扇补题》《浣溪纱·丁酉上巳流行性感冒盛行》《清平乐·寿张叔通八十丁酉题照》等。丙申即1956年，丁酉即1957年，全部是在这个时间缺口里。此外，八十九首词作中通过考证能确定创作时间的，也无不在这个时间范围里。如《浣溪纱·赵飞燕玉印蜕本孙鸿士属题》，据上海图书馆所藏该拓本原件，可知是吴湖帆在1955年冬所题；《东风第一枝·次史梅溪韵筹创中国画院》，自然是写1956年上海中国画院创建之事；《瑶台第一层·次张芦川韵春节大雪三日》，则记录了1957年春节上海大雪之事。[2]

外证内证，均可证明，八十九首作品基本都是在1955年8月至1957年10月间所作。[3] 而通过对这些作品的解读，我们也就不难看到这一时期在吴湖帆和周鍊霞之间发生的故事。

（二）

将八十九首词作检读一过，我们发现，直接点出周鍊霞名字的就有不少。比如《芙蓉月·次赵虚斋韵为螺川生辰》《清平乐·螺川临钱舜举杨妃上马图》《虞美人·螺川画卷帘士女》《庆清平·和螺川》等等。其中，《贺新凉·中秋前后螺川两度访莲于虹口公园索余作图因和原韵题之》之后，还附有周鍊霞的两首原作：

万叶凉如雨。一池秋、揉蓝蘸碧，染人眉宇。到此惜花心更切，环水偏难觅取。怪隐在、绿阴深处。擎盖亭亭遮小靥，映波光、不放闲人觑。多分怕，六郎妒。　含娇欲语何曾语。照红妆、轻脂淡粉，未成迟暮。十里烟陂余断锦，留得绀霞暂驻。浴晴景、圆阴移午。催写新词应借问，问西风、吹醒鸳鸯侣。香梦破，几时补。

别样留人处。散清芬、云深露浅，碧城仙府。远水相思如梦淡，还逐蜻蜓倦舞。记一舸、闹红容与。无赖秾华偏易过，过中秋、只隔良宵五。花尽落，月谁主。　摇黄耸翠蓬蓬挂。战西风、房空菂薏，中心多苦。忍使拗成香寸寸，难绝情丝万缕。要牵挽、凉秋诗句。笔底黛螺三百斛，满池塘、洒得青如许。擎盖立，待听雨。

第一首写中秋前，周鍊霞来虹口公园"访莲"时，"含娇欲语"的荷花，尚且"未成迟暮"。而第二首写中秋过后仅仅五天（"过中秋、只隔良宵五"），则已是"花尽落"而"月谁主"了。两首长调虽写荷花由盛而衰，下笔却哀而不伤，语隽而味永，可谓周词的一贯风格。待两词成后，周鍊霞向吴湖帆索画，吴又题两首和作云：

清露疑新雨。为花忙、寻思向往，旧家庭宇。缥缈池塘香旖旎，别样玲珑可取。惜狼藉、残红幽处。借得绿阴倾盖下，罨邻娃、轻薄争偷觑。连理障，许谁妒。　一奁秋影浑无语。怕西风、晚蝉消息，浅烟迷暮。不道佳人亲步访，凭傍茅亭小驻。凭玉照、镜花晌午。拨尽柔心丝千结，挽鸳鸯、同梦神仙侣。情所寄，信天补。

绿意情何处。凭秋光、垂虹倒景，银塘紫府。翠盖亭亭云袂

吴湖帆、周鍊霞《贺新凉》

冷，剪剪红衣罢舞。试回忆、窥妆谁与。前度相逢眉妩乍，算重来、不觉逾三五。圆缺感，总无主。　　髻蓬断梗临流挂。正满湖、碧筒倦醉，芳心辛苦。碎锦留仙裙千褶，拗取冰丝寸缕。偏赢得、玉人新句。换写鸳鸯寻梦好，画屏深、密叶田田许。珠露洒，尽花雨。

"髻蓬断梗"的荷花，偏偏能赢得"玉人新句"，这让吴湖帆似乎也有羡慕之意。不过，在吴氏心中，他和周鍊霞更像花底的一对鸳鸯，花开之时，在画屏深处"同梦神仙侣"；花落之际，鸳鸯侣仍可共浴"珠露"，尽沾"花雨"。1950年代中期，吴湖帆所作没骨写意之荷花，多由周鍊霞配以工笔重彩之鸳鸯。二人也常常通过"荷花鸳鸯"的书画合作与填词唱和，来表达彼此间缠绵的情意。

此外，八十九首作品中，更多的是未点出周鍊霞的名字，但一望即知是为周氏而作。比如《多丽·次李漱玉韵咏白菊》：

> 忆秋宵，画堂深处帘垂。映初三、弓蟾新浴，明珠仙掌凝肌。仿佛似、何郎傅粉，也得使、南部低眉。露浥英娇，霜涵蕊嫩，霞褒雪蕴紫绡奇。料湖上、琴书共载，螺髻淡妆宜。疏橙畔，银钿细卜，莫妒荼蘼。　记瑶台、相逢月下，绣屏相对人依。寄悠思、惯传郢曲，逞佳色、重和陶诗。晚节留香，西风却瘦，多情犹恋旧丰姿。赢自惜、玉颜未褪，还似少年时。知谁伴，九华清影，拾梦茅篱。

"映初三、弓蟾新浴，明珠仙掌凝肌"，化用白居易"可怜九月初三夜，露似真珠月似弓"，点出周鍊霞的生辰在九月初三。而"霞褒雪蕴紫绡奇""螺髻淡妆宜"，更是嵌入了"霞""紫""螺""宜"等字。很明显，此作托物寄怀，借咏白菊花之"佳色"，实赞周鍊霞之"丰姿"。

再如《采绿吟·次周草窗韵》云：

> 水拂垂杨影，岸草浅碧东西。红阑一棹，紫箫双桨，宜画宜诗。倚秋阴、密誓鸳鸯，似夜光、缓约琉璃。选芳情，携纤手，依依。相恋羡谁。　清梦许重寻，凝魂在、秦丝无限娇脆。忍湿玉鲛绡，试窃卸云衣。念花边、襟惹苟香，凌波软、罗袜更亲题。归时晚，初日渐锃，斜月正微。

此词写吴、周二人的一次泛舟约会。二人携手依依，双桨容与，看鸳鸯密誓，寻清梦缠绵，直至日落月斜方归。词中"紫箫双桨，宜画宜诗"，仍嵌"紫宜"二字；而"相恋羡谁"，更可看出彼时二人感情的缱绻与款洽。

八十九首作品中，还有一首《声声慢·华东医院对雨五月廿四日》云：

> 碧苑花疏，青坪月媚，撩人幽境情深。兰畹余芳，偏教蝶梦重寻。好景和风细雨，诧万方、多难登临。暗凝伫，甚晚烟笼树，夕照渲林。　妙手金刀试剪，似丹荔褪玉，紫绶披金。一榻维摩，

吴湖帆《声声慢》

安禅还制龙侵。奇思不知来去，也未妨、顾曲知音。听环佩，九霄声，遥抚素琴。

很可能在1957年的黄梅雨季，刚刚在华东医院做完手术的吴湖帆（"妙手金刀试剪"），对着晚烟夕照、媚月疏花，听雨填词，雅兴不减。[4] 住院期间，作为"一榻维摩"的吴湖帆，为何还会有如此畅快之心情？我们不妨看看八十九首词作中的《玉楼春·寄怀》：

病房最忆填词侣。只尺相思千万语。乍将离绪换相逢，一笑眸明情默许。　黄梅时节多风雨。未到黄昏重掩户。明朝紫燕画梁归，后日绿杨深院驻。

原来，"填词侣"周錬霞曾来病房探访，而吴湖帆见到伊人的明眸一笑，自然心怀大畅，百病全消。看来，爱情才是治愈身心最好的良药。只不过，任何美好的爱情在甜蜜之余，也都免不了会出现一些龃龉与矛盾。我们再看看八十九首词作中的《昼锦堂·次周清真韵》：

闪闪稀星，霏霏冷露，黑压楼影重檐。想起一番心事，暗掐柔尖。鸳帷笼虚云梦短，凤箫吹远月华忺。倾杯尽，莫道凭阑，身敧倦揭疏帘。　堪厌。天向晓，人又去，频教肠断愁添。纵似依依不舍，处处多嫌。恍然双结灯花喜，片时还把药方拈。相思味，偏是有言难说，更惹恹恹。

在露冷星稀之夜，吴湖帆看着黑压压的"楼影重檐"，涌起一番心事，而不得安睡。他究竟在想些什么？之前与佳人分别时，虽然她看似"依依不舍"，但相处中却又对我"处处多嫌"。或许，相思的滋味，就是难以分说清楚，却总惹得人愁病恹恹。"处处多嫌"似是说周对吴多有不满。究其原因，一方面，或许在1954年热恋之后，二人的感情渐渐进入了一个需要磨合的平淡期。而另一方面，也可能是吴湖帆自身的性格比较敏感，对意中人的一举一动常常会有过度的反应。我们可以再举八十九首词作的《满江红·次柳屯田韵》：

> 怨奈恩何，争生舍、心头牢系。尝不尽、许多烦恼，个中深味。省独恁、小窗原有意。念知名、彼此钟情始。别艳羡、三十六鸳鸯，添憔悴。　温柔感，浑难计。云雨梦，消无地。堪怜在、相思几溅花泪。却换得、风流多少事。便未肯、些些将轻弃。待黛眉、重扫画奁前，谁还是。

吴湖帆这里说得更清楚。有时他也会对周鍊霞生怨，可每当想到昔日之恩，所生之怨也就只有无可奈何矣，哪里又能真正割舍对伊人的牵挂？之后，吴湖帆还回忆了与周鍊霞的相识、相恋，自忖为了这段感情，已不知尝尽了多少烦恼，以至憔悴不堪，几度伤心溅泪。但也因此，才换得与伊人的"风流多少事"，他自然不肯轻易放弃。在二人争吵后，吴湖帆期待与周鍊霞早早言归于好，能重享在妆台前为伊人画眉之乐呢。

其实，从1955年8月到1957年10月间的八十九首作品来看，吴湖帆、周鍊霞虽偶有龃龉，但二人的关系总体还是融洽的。或许，要不是一场"反右"暴风雨骤然而至，鸳鸯侣的香梦也不会那么早就被西风吹醒。

---

[1] 若细看《佞宋词痕》第二册底稿的封面，会发现在"六、七、八、九"下，分别写有"42、52、49、67"。再核检《佞宋词痕》第二册底稿的收词情况，

则分别为：卷六42首，卷七52首，卷八49首，八卷后第一卷70首，八卷后第二卷15首。（手稿卷九39首。）因此，笔者怀疑八卷后的第一卷最初曾被题为"卷九"；之后，吴湖帆才将八卷后的第二卷改为"卷九"；再之后，吴氏因另行整理了手稿卷九，便将这个尚未编完还只有15首词作的"卷九"改称为"卷十之上"。

[2] 据仲威《借〈赵飞燕玉印〉谈文物真伪评定》（《东方早报》，2014.4.16），可知吴氏曾于1955年底题《赵飞燕玉印》拓本云："汉婕好姜赵玉印，潍县陈氏旧藏，鸿士兄以原蜕印本属题，乙未初冬，吴倩。"另按，1957年春节上海大雪，多见时人记载，如龙榆生《忍寒诗词歌词集》中有"丁酉立春后江南累雪拈此寄怀秉农山丈北京"；袁樊《鱼千里室诗稿》中亦有"丁酉立春后连雪三日寒甚近年所未有也"。

[3] 推断八十九首作品是在1955年8月至1957年10月间所作，可能会有一个例外。即补遗卷中，既然有少数作品来自手稿一，那同样不能排除，补遗卷中也可能有极少数作品来自手稿《癸巳》，即作于癸巳九月初三至癸巳年底却没有被收入《佞宋词痕》五卷本中的作品。不过，本章下文具体讨论的，都是选自《佞宋词痕》卷六、七、八，或者虽选自补遗但可确定是作于九月初三以前的作品。

[4] 1956年10月匈牙利事件后，1957年6月苏联高层又发生震惊世界的"倒赫政变"。而同月，中共中央也开始了大规模的"反右"斗争。吴词中"诧万方、多难登临"用杜甫"万方多难此登临"，当指彼时国内外的各种政治局势。以此推测，《声声慢》题序中的"五月廿四日"很可能指1957年6月21日。

十四　风吹雨打

（一）

有人说，性格决定命运，或许真有几分道理。

如果细究吴湖帆的性格，我们会发现，在他内心深处，其实有着相当执拗的一面。比如他的朋友郑逸梅说：

> 吴湖帆作画，不喜人点品。求墨笔者，辄为设色，求设色者，反以水墨应之。有人面求小幅，请仿某一家，吴即以笔授之曰：尔既懂得，不如尔自己挥毫！又一次有人持吴所绘单款小幅，求加一双款，吴竟谓之曰：此画非我所作，我乌得加墨。实则是画确出吴手，吴故意拂逆之耳。[1]

这种不喜谐俗、与人多忤的性格，作为艺术家，或许不失为一种可贵的品质。而一旦身处政治风波中，则往往会因不知退让与妥协，而要吃大亏。

何况，对政治，吴湖帆又一向缺乏关注和敏感。1953年夏秋之际，在上海举办了一场规模盛大的国画展览会。当时，戈湘岚、林雪岩、刘旦宅合作的《苏联畜牧专家介绍优良马种》、张雪父的《祖国正在向工业化迈进》、陆俨少的《田间评选检查》等，因为反映了新时代的生活与主题，都备受好评。而相比之下，吴湖帆的《李白诗意图》和周鍊霞的《仕女图》，仍坚持传统题材，与新时代关系不大，在展览中并没有引起太多关注。[2] 从这件事上就不难看出，在1950年代初中国画改造运动如火如荼的背景下，吴湖帆和周鍊霞仍沉浸在自己的世界里，他们对政治都不够敏感，还没有嗅到暴风雨将至的气息。

　　不过，周鍊霞的性格，与吴湖帆又有很大不同。吴湖帆的执拗是骨子里的，他生于簪缨世族，家境优裕，交往的也多为晚清遗老遗少，自己在艺术上又是卓有成就的大家，眼界太高，难免会有孤傲的脾气。而周鍊霞虽也常出惊人之语，行非凡之举，但出身小康之家的她，因较早就进入社会谋生，且平日来往的又多为小报圈里的文人。故处世中，周鍊霞更多了几分对世情的圆融与体悟；待人时，她也总如和煦春风，能与人无忤。可以说，周鍊霞虽身为女性，却颇有男性的豪爽与不羁，而吴湖帆作为男性，实不乏女性的敏感与细腻。这两种性格，在相遇之初，或许恰恰能产生出某种张力，使二人碰撞出爱情的火花。而一旦被卷进政治风波的旋涡里，两种性格的差异则往往会导致二人命运的不同。

　　就连对周鍊霞诋毁颇多的陈巨来，也不得不承认，不论"反右""文革"，周鍊霞"宁人斗她，她不写任何人一张大字报也……总说'我有罪我有罪'"（《安持人物琐忆》）。可以看出，在政治风波中，周鍊霞是既懂得变通自保，随世沉浮，又能持节自守，有所不为。一定程度上，这与她达观、坚忍的性格不无关系。而吴湖帆就不一样了，以他的性格和脾气，一定是宁为玉碎而不为瓦全的。笔者尝以为，即便不是后来中风卧床，吴湖帆也一样躲不过那场红羊之劫，他一世都是清高惯了，笃信士可杀不可辱的道理。

　　因此，在1957年"反右"这场暴风雨来临之际，受到冲击的吴湖帆"态度却十分顽固。当有关领导找他谈话，要求他将后一阶段所作的诗词（指《佞宋词痕》发表后所作）拿出来接受审查时，他于激动中书生气大发，将近年写的诗词、随笔、书画杂记手稿统付之一炬；当他的家人受了组织委托帮助他认识错误时，他又固执己见，使谈话不欢而散"（戴小京《画坛圣手——吴湖帆传》）。

今天，在上海图书馆所藏吴氏五部词集稿本中，从1955年8月至1957年10月的作品恰恰付之阙如。或许，这部分手稿正是1957年"反右"运动中被吴湖帆"统统付之一炬"的。不过，通过对《佞宋词痕》十卷本的研究，我们还可以辑录出八十九首写于上述时期的作品；此外，通过对其他材料的检索，我们也能寻出不少信息，可一窥吴、周二人在1950年代中后期的人生境遇。

（二）

在1950年代的前几年里，周鍊霞的生活一度是热闹中又不失优雅的。她与诗友李蔬畦、陈兼与、徐曙岑、林松峰、梅鹤孙、瞿蜕园、苏渊雷等常为文酒之会，诗词来往不断。此外，她也常常参加老诗人姚虞琴、冒鹤亭、吴眉孙等招邀的诗词雅集。[3] 1954年，周鍊霞还和吴湖帆一同加入了乐天诗社。乐天诗社是1950年元旦在上海成立的一个旧体诗社，在当时影响非小。社员后来发展有数百人之多，成为全国最大的旧诗团体。而周鍊霞进社后即被推举为诗社理事长，可谓众望所归。[4]

1955年旧历九月初三，是周鍊霞的五十生辰（彼时对外尚称四十七岁）。六天后的重阳节，老诗人冒鹤亭特意召集白头诗翁二十余位，在上海国际大厦十四楼设宴，为周氏补祝生辰。这可算是历年"珍珠会"中最热闹的一次。[5] 事后，周鍊霞赋《贺新凉》致谢。[6] 当时，周氏才名盛极，且屡蒙老辈推许，兼之又雅擅交际，常常妙语如珠，倾倒四座。因此，在海上文人的雅集中，她俨然成为一颗最耀眼的明星。不过，在这些繁华的背后，我们还应该看到，这一时期女画家的生计却有着日渐窘迫的另一面。

1949年后，画家售画的渠道越来越少。家道殷实如吴湖帆者，尚且要靠出售藏品度日。（如1957年初，吴湖帆将家藏重器黄公望《剩山图》售与浙江省博物馆。）因此，其他画家的生活状况就更可想而知了。这时，周鍊霞虽得到了吴湖帆的不少帮助，但她子女众多，家累仍重。[7]据周鍊霞的朋友唐大郎记载，在1955年前后，周鍊霞曾为上海市花纱布公司设计花式和服装的式样，以贴补家用。此外，周鍊霞还参加了上海国画工作者互助组的工作，从事檀香扇和四川竹帘的绘制。[8]当时，画檀香扇是一件十分辛苦的差事。画工酬劳既低，如果画坏了，还须高额赔偿。何况，委托画扇的土产公司又屡次降低工费。这些都让画家们不得不怨声载道。据说，吴湖帆的弟子张守成为争取画家们的利益曾向有关部门反映情况，他编了一段顺口溜云："画画锡箔钱，陪陪棺材钱。画多了累死，画少了饿死。"被传诵一时。[9]

对于周鍊霞和梅景书屋弟子们迫于生计，从事檀香扇的绘画，吴湖帆是不以为然的，他说："檀香扇我是不画的，画一把仅有几毛钱。画画是崇高的艺术，像这样加工流水线一般画图，就是糟蹋艺术。"（邢建榕《吴湖帆之死》）因此，到1956年8月3日，在上海中国画院筹备委员会上，吴湖帆为推选画师而题名的"甲字画家廿五人"中，女画家里第一个题名的就是"周鍊霞"。一个月后，上海中国画院筹委会又通过选举，推选吴湖帆为画院院长。从此，周鍊霞和吴湖帆一同进入了上海中国画院。因为有了稳定的经济收入，周鍊霞可以结束檀香扇的工作，专心从事创作。

不料十个月后，即1957年7月中旬，上海中国画院还未正式成立，一场"反右"运动却悄然开始。在"反右"初期，鼓励大鸣大放时，

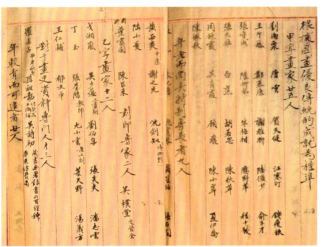

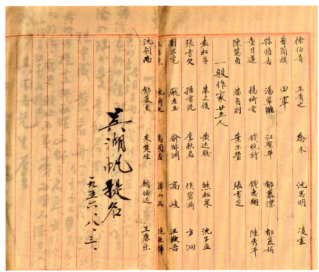

吴湖帆题名画师名单

吴湖帆曾表示："为着生活苦难不得已在画檀香扇，极为可惜的，急需请政府注意，现在画檀香扇已不是创作而是末路。如此下去，国画要被消灭了。"（邢建榕《吴湖帆之死》）不承想，这样的言行后来被看作"疯狂向党和社会主义进攻的严重事件"，吴湖帆和弟子张守成等被认定为"吴湖帆反党小集团"。可以说，"檀香扇事件"引发了画院内部"左"的思潮泛滥，带给吴湖帆一场几乎致命的打击。

就在"檀香扇事件"的发展过程中，1957年8月5日《新民报晚刊》上突然刊登了一篇《两位老画家识破右派分子阴谋——贺天健吴湖帆握手言欢——表示要真正团结起来共同发展国画事业》的报道。戴小京在《画坛圣手——吴湖帆传》中说："恰恰在这个时候……这条新闻使那些政治嗅觉十分敏锐的人们产生了丰富的联想——这两个思想都是很'右'的人'握手言欢'，不是预示着'右派'联合'向党进攻'吗？那么苦心孤诣安排这场'握手'的人用心何在呢？"

至于安排"握手"之人"用心何在"，书中并未明言。2018年，笔者在上海参观"孤帆一片日边来——吴湖帆文献展"时，邂逅了吴湖帆的文孙吴元京先生。话及此事，吴元京表示，安排吴湖帆与贺天健的那场握手言欢，正是某些人的阴谋，其目的则是要报复吴湖帆在1957年初将《剩山图》售卖与浙江，却没有捐献给上海之事。

这当然是吴家后人的推测，事实如何，恐怕早已无法证实。但是，在历史的大风波中，有时个人之小命运，往往正是由各种必然性因素和偶然性因素共同作用的结果。而那时的吴湖帆，确实像是在某只无形之手的推动下，运交华盖，一步步走进了他人预先设计好的陷阱。

其实，从1950年代初开始，吴湖帆先后出版了《梅景画笈第二集》和《佞宋词痕》，在画苑与词坛皆满载令誉；后来与周錬霞两情相遂，既在晚年收获了一段难得的爱情，也使自己的艺术造诣百尺竿头，更进一步；而1956年被推选为上海中国画院的院长后，吴氏志得意满，人生更可谓达于巅峰矣。不承想，1957年一场轰轰烈烈的"反右"运动，一下子使他又跌到了谷底。虽然最终经各方努力，吴湖帆从右派边缘开脱，但实际上，他还是成为了一个暂不被划作右派的右派。[10]

对此，笔者在感叹历史无常、造化弄人之余，更想一探究竟的是，这场风波过后，吴湖帆和周鍊霞的关系如何？尤其在相恋数年之后，这场突如其来的政治运动又会给二人的感情带来哪些影响？

按上海图书馆所藏《佞宋词痕》手稿五，收词自1957年10月至1960年夏，记录的恰恰是"反右"运动结束后的三年。而从这三年的词作中，我们不难看出，吴、周二人虽然仍有来往，但来往的频率和热度已不能和1953年至1955年间相比。一方面，这当然是因为1953年至1955年是二人的初恋和热恋期，热度必然会更高；而另一方面，也自然是因为在"反右"运动结束后，社会环境和人的心境都发生了极大的变化，而吴、周二人的关系也不可能不受到这些因素的影响。

（三）

检《佞宋词痕》手稿五，可以发现，在1958年里，吴湖帆因身体不佳，词作亦留存不多，可谓"诗情酒兴渐阑珊"矣。前文曾说，1958年春，吴湖帆填有《莺啼序》一首，写出了自己在"反右"结束后，因"病欺易老"而呈现出心力交瘁之态。而到1958年秋，吴湖帆又填《绮罗香》一首，周鍊霞有和作，这是我们所知在"反右"结束后，吴、周二人的第一次唱和。吴词题云："次史梅溪韵。九月初三，螺川五旬生辰。是日适值郊行，倚调送之。"词曰：

　　瑞鼎烟霏，珍珠露点，秋暖秋寒朝暮。悄叠征衣，儿女别怀难住。摇绮梦、极目潇湘，剪流水、断魂淞浦。但沉吟、消息星

憶前歡尋昨夢總無蹤喜今宵碧海溶溶相將笑語並

鸞飛鸞舞玉花颭景隨情美莫孤負一點心紅有誰如姮

瑤臺下怳人在畫屏中許塵寰錯認瀲灩流光如箭姮

娥羞駐廣寒宮梧桐深院且消受秋月春風

綺羅香　次日史適郊行僑調送之　梅溪韻乩月初三螺川五旬生辰

瑞瓣煙霏珍珠露點秋嬢秋寒朝暮悄征衣兒女別

懷難住搖綺夢極目瀟雲颭流水斷魂淞浦但沈吟消

息星期經行不礙舊車路依依緣會更惆望金盃

盃浴春江潮渡九月初三相映黛眉添嫵還道是今夕

誰家又憶那畫樓深處甚時得離緒舒捐小窗開共語

六

吴湖帆《绮罗香》

期，经行不碍旧车路。　依依缘会更惜，回望金盆盆浴，春江潮渡。九月初三，相映黛眉添妩。还道是、今夕谁家，又忆那、画楼深处。甚时得、离绪齐捐，小窗闲共语。

从这首词来看，吴湖帆对周錬霞依然未改深深的眷恋。尤其下片"还道是、今夕谁家，又忆那、画楼深处。甚时得、离绪齐捐，小窗闲共语"，是说吴湖帆不知"郊行"中的周錬霞今夜将宿于何处，而回忆起二人在"画楼深处"相依相守之情景，则又盼望着能早日抛弃掉所有的离愁别绪，再与伊人共坐于小窗下，重叙款款之情话矣。[11]

按1958年旧历九月初三，是公历10月15日。据《上海中国画院（1956—2004）》记载，1958年10月"中旬，画师再度分批下厂下乡搞创作"。看来，周錬霞在生日当天的"郊行"，正是画院组织画家"下厂下乡搞创作"。而所谓"再度"，是因为1958年3月，画院已有一次下厂下乡之事，那一次，周錬霞去的是搪瓷厂。而这一次"再度"下厂下乡，周錬霞则去了钢铁厂。从钢铁厂归来后，周氏亦填《绮罗香》一阕，序云："惜别即景。戊戌炼钢厂归来，巷口铁栅门失去。"词曰：

疏落冰文，玲珑琐字，春色几曾关住。生就无情，底事惹人离绪。早不是、画戟朱扉，暂安顿、倦窝吟旅。忆宵寒、中酒归迟，乱敲清响似金鼓。　年年幽巷黯仁。看尽夕阳红瘦，乌衣来去。兽啮鱼衔，总惜错教同铸。任吹残、柳絮团风，更不闲、梨花深雨。料他时、玉剪飞还，定难寻旧户。

周錬霞这首词，虽是与吴湖帆唱和的同调之作，但内容已不局限于个人之离别，而是通过对"大跃进"期间因大炼钢铁而毁掉巷口铁门一事的描写，抒发了一种更为沉痛的人生哀乐。周词虽然格调更高、感慨更深，但从词意来说，我们却看不到她对吴湖帆有任何情感上的回应。似乎，在吴、周二人的情感天平上，这时已然出现了某种程度的倾斜。但这会不会只是一次偶然呢？

我们再看1960年初，吴湖帆所填《高阳台·上元移筝》一首：

> 银甲调莺，金钗掠凤，记曾低按秦吟。雁阵惊寒，浑疑衡浦沙沉。却怜赵女情何限，恋声声、梦断难禁。到而今。逸相重招，仙籁还寻。　十三弦底魂消处，甚湘灵遗瑟，蜀客传琴。明月来时，绿窗花影帘侵。试弹一曲相思调，数江南、谁是知音。寄芳心。画阁练囊，庭院深深。

题中"上元移筝"，所指何事？吴湖帆没有讲。但在周錬霞《庆春泽慢》的小序里，我们恰好能看到此事的经过：

> 庚辰三月，于知足斋听女郎弹筝，试而好之。主人谓：他日有赠必赠君，若贫而易米，亦必先就君也。二十年来，主人病废，女郎也远嫁。一日偶与倩庵言之，愿代申前约，越日来报可。喜而载归，重与拂试，如共故人语，遂词以记之。时庚子二月。

"庚子"即1960年。这一年，吴湖帆"上元移筝"后，周錬霞"二月"作词记事。可以看出，这时的吴湖帆对周錬霞殷勤依旧，痴情不改。周錬霞只是"偶与""言之"，吴湖帆便不辞辛苦，为其觅得了二十年前所见的古筝。而词中"数江南、谁是知音"，更是在聆听筝曲后，吴湖帆以周錬霞的"知音"自许。这不由让我们想起1953年吴氏六十生辰时，周錬霞也曾在寿词《金缕曲》中说"数江南、我亦填词手"。而这一次，周錬霞得筝后，所拈词调《庆春泽慢》，其实正是

《高阳台》的别称。因此，这两首词仍可看作吴、周二人的同调唱和之作。周词云：

> 银甲弹温，冰丝讶瘦，十三弦上娇声。雨幔烟廊，隔花遥妒春莺。廿年海国红桑变，任孤悬、尘浣蛛萦。怅伶俜。病了维摩，嫁了云英。　此情不放成追忆，倩传将燕语，重觅鸥盟。洗出檀槽，依然玳瑁晶莹。绿窗小试清音越，似佳人、暂醉还醒。趁新晴。添个真真，写入丹青。

可以说，周词除了感慨世事沧桑，并表达了得筝之喜悦外，我们仍看不到她对吴湖帆有什么情感上的回应。若将吴、周二人这一时期的唱和之作比较来读，不难看出，尽管吴湖帆深情不改，但周鍊霞在情感上似乎已发生了某些微妙的变化。

那么，在1958年至1960年中，吴、周二人在感情上是否曾出现过某些变故呢？按1959年后，吴湖帆的词兴稍稍恢复，与周鍊霞的唱和也渐渐增多。1959年初，吴湖帆曾为梅鹤孙家所植并蒂兰作扇面并题《青玉案》，周鍊霞有和作；九月，周鍊霞填《行香子》，吴湖帆亦次韵酬之。而在1959年的秋天，吴湖帆更是为周鍊霞的《珍珠集》题写了五首《珍珠帘》。这五首长调分别次韵宋词人陆放翁、吴梦窗、张玉田、蒋竹山、周草窗，词笔洋洋洒洒，词句悱恻缠绵，而词作的背后掩盖不住的仍是吴湖帆对周鍊霞的无限痴情。[12] 虽然从周鍊霞的词作里，我们看不出她对吴湖帆有情感上的回应，但细细体会吴词，我们同样也找不到二人感情有发生变故的迹象。

在《佞宋词痕》手稿五中，还有一首《鹧鸪天》，题曰："昨日立秋，今日星期，明日七夕。"按1959年8月8日立秋，8月9日星期天，8月10日是旧历七夕。可知此词仍是说1959年之事：

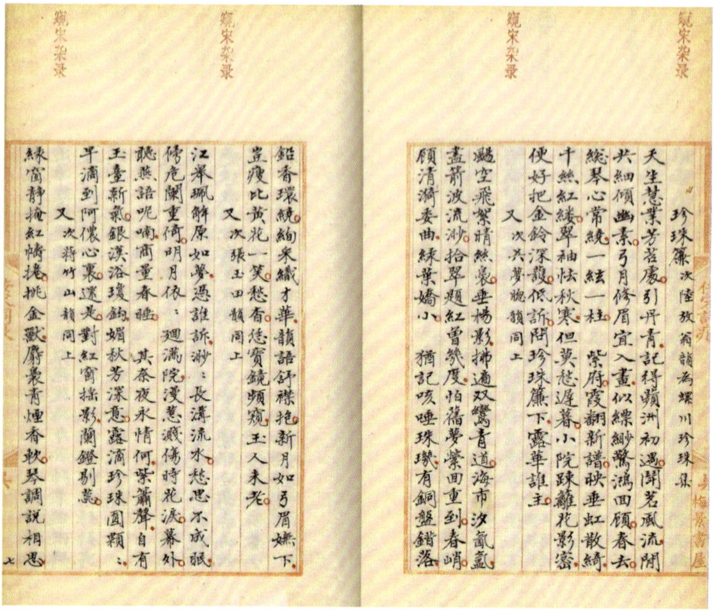

窺宋架录

珍珠簾 次陸放翁韻為蝶川珍珠录
天生慧業芳菩處引丹青記得蘋洲初遇闘茗風流閒
共細傾幽素弓月修眉宜入畫似綠綃驚鴻回顧春去
繞琴心常繞一絃一柱　紫府霞翻新譜映垂虹散綺
千絲紅縷翠袖怯秋寒但莫愁遲暮小院踈籬花影密
便好把金鈴深護依訴問珍珠簾下露華誰主
又 次吳夢窗韻同上
颺空飛絮晴絲裊垂楊影拂過双鸞青道海市汐亂氤
盡箭波流渺拾翠題紅曾幾度怕舊夢縈回重到春峭
傾清漪委曲綠葉嬌小　猶記咳唾珠璣有銅盤錯落

鉛香環繞絢采織才華韻語舒襟抱新月如弓眉嫵下
豈瘦比黃花一笑愁香慿寶鏡頻窺玉人未老
又 次張玉田韻同上
江臯珮解原如夢憑誰訴渺々長溝流水愁思不成眠
倚危闌重倚明月依々廻滿院漫惹濺傷時花淚幕外
聽燕語呢喃商量春睡　其奈夜永情何紫簫聲自有
玉臺新氣銀漢浴瓊鉤媚秋芳深意露滴珍珠圓顆々
早滴到阿儂心裏還是對紅窗描影蘭鐙剔蕊
又 次蔣竹山韻同上
綠窗靜掩紅幃捲挑金獸麝裊青煙香軟琴調說相思　七

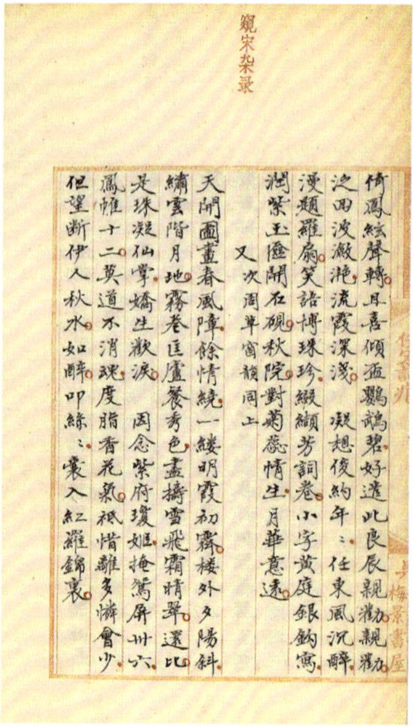

窺宋架录

倚鳳絃聲轉耳喜傾盃鸚鵡碧好遣此良辰親勸親勸
泛回波瀲灩流霞深淺　凝想俊約年々任東風沉醉
漫題羅扇笑諾博珠玲綴韻芳詞卷小字黃庭銀鈎寫
潤紫玉瀋開石硯秋院對菊蕊情生月華意遠
又 次周草窗韻同上
天開圖畫春風障餘情繞一縷明霞初霽樓外夕陽斜
繡雲階月地霧卷匡廬餐秀色盡擒雪飛霜精翠還比
是珠凝仙掌嬌生淚淚　因念紫府瓊姬掩鸞屏卅六
鳳帷十二莫道不消魂度脂香花氣祇惜離多憐會少
但望斷伊人秋水如醉叩絲々裊入紅羅錦裏

吴湖帆《珍珠帘》五首

小阁疏帘漫卷舒。神仙伴侣有何殊。银河鹊渡秋宵乍，钿盒
金钗私语初。　　花绰约，影扶苏。柳眉相对月梳梳。赢来多少风
流梦，消受星期贴体酥。

这首词可谓"反右"结束后，吴湖帆和周錬霞一次难得的约会记
录。1959年秋，七夕将近，在小阁疏帘下，脉脉私语之佳偶，看花影
绰约，对新月如梳，这真无异于天上的神仙眷侣。而从"消受星期贴
体酥"来看，在这场约会中，吴、周二人仍保持着亲密的关系。其实，
在经历了一场场风吹雨打之后，吴湖帆对周錬霞的依恋却是有增无减，
可以说，这一段感情更是成为了吴湖帆跌入人生低谷后的心理寄托。
这时的吴湖帆，恐怕已不再奢求南陵茅亭中的"追情逐爱"，而只要能
与意中人"小窗闲共语"，说说情话，就已经是他最大的心理安慰了。

---

[1] 见郑逸梅《艺林散叶》（中华书局1982年），亦见陈巨来《吴湖帆轶事》
（载《安持人物琐忆》）。

[2] 上海国画展览会事可参沈子丞《介绍国画展览会中几张较为突出的作品》
（《新民报晚刊》，1953.8.3）。另据《冒鹤亭先生年谱》，1953年9月冒鹤亭曾致函
叶恭绰云："沪上国画展览会已结束，选其精品入都，以求观摩相得，谨具数人
名氏，乞公加以品题，俾增声价……"数人者中，即有周錬霞。再检1953年《全
国国画展览会作品目录》，可知从上海选入北京参展的作品中，有吴湖帆《李白
诗意图》和周錬霞《仕女图》。

[3] 1955年上元，周錬霞在与众诗友的会饮联句中，吴眉孙即赞她云："即席
联诗愧才弱，让他女将独登坛。"（坊间所见油印诗稿）是年岁末，吴眉孙又举办
词社，约赋《消寒九咏》，周錬霞仍是第一个交卷。她咏熏炉、手笼、羊绒衫、
鸭绒被等作，压倒须眉，直令诸老辈敛手。（香港《大公报》，1956.2.6—3.5）

[4] 有研究者以为吴湖帆和周錬霞最早的交集，是共同参加1948年的"乐天

诗社"。其实，"乐天诗社"是1950年元旦才成立的。事见陈正卿《新中国上海第一个传统诗社》（《世纪》2008年第3期）而有关吴、周二人最早的交集，至迟也当在1943年春，可参本书第三章《红罗荐酒》。

[5] 陈兼与《次韵答紫宜九日诗》后附周錬霞原作，并有周氏自注云："壬辰九月初三，兼翁与诸诗友觞予于来喜饭店。李蔬翁取香山诗意命名为'珍珠会'。自是岁必有集。"壬辰即1952年。

[6] 周錬霞所填《贺新凉》有两首，其一云："令节逢重九。共登临、层楼十四，电催梯走。只手摩天天欲笑，兜住行云满袖。恰凭眺、高秋晴昼。合座修龄千八百，鹤风姿、应唤神仙偶。尘不到，雪髯秀。　碧螺嫩水供芳漱。进盘飧、银叉馔美，酒波红皱。照得人如珠玉润，不比黄花消瘦。证慧业、缘深师友。补咏香山弓月句，数年华、福薄难消受。陪杖履，借添寿。"其二云："生日年年有。月如弓、已凉天气，未寒时候。难得今宵良宴会，都是名师益友。运彩笔、压他秦柳。徙倚明灯香叶子，看行厨、南国花钿秀。调隽味，试纤手。　玲珑密串拈红豆。趁余欢、赢来一笑，醉添金斗。归去不知风露重，知载新词满袖。似大小、玉盘珠走。错把捧心西子比，画羞娥、自觉东家丑。书短句，代稽首。"第一首"令节逢重九"，是说这一年的霜降和重阳为同一天，据此可推知该词是1955年所作。第二首词曾在1955年的生日后，被周錬霞抄录在锦缎上，并绘以花月，缀以珍珠，摄影后遍赠友人。事见香港《大公报》（1957.1.16）所刊高唐《周錬霞的"贺新凉"》。

[7] 这一时期，吴湖帆给予过周錬霞不少经济上的帮助。一种情况，是吴氏直接将一些名贵文物相赠。比如，今日南京博物院所藏南宋院本《桃花鸳鸯图》，据杨仁恺《中国古代书画鉴定笔记》记载，即为吴湖帆持赠周錬霞之物。再比如，现身于2018年西泠印社秋拍的明唐寅《妒花觅句图》，据介绍亦得自周氏后人，也为吴湖帆所赠。另一种情况，则是吴氏将文物变卖后，再以所得钱款予以接济。如宋拓孤本《许真人井铭》，据郑重《梅景书屋　梅花安在——作为收藏家的吴湖帆》介绍，上海博物馆徐森玉欲购此帖，而吴湖帆不允，徐氏的秘书汪

庆正便常常来梅景书屋陪吴氏下棋，往返经年，某日吴突然来找汪庆正说："小汪，你在12点之前，给我筹划人民币八百元，这部帖就给你，但过了12点就不要来了。"最终，汪庆正果然筹得钱款并将《许真人井铭》购下。后来，笔者托严晓星兄向郑重先生询及此事，得知吴湖帆将《许真人井铭》交予汪庆正后，便托汪氏立即将所筹钱款给周鍊霞送去。

[8] 设计花式和服装事见香港《大公报》（1956.2.29）所载刘郎《唱江南·一月十八日与周鍊霞同饮》。在互助组工作事可见《新民报晚刊》（1956.10.8）所载周鍊霞咏檀香扇和四川竹帘的两首《虞美人》。

[9] 参冯天虹《六十年沉浮的张守成》，载《艺林双清："嵩山草堂""梅景书屋"故旧录》。

[10] 关于吴湖帆在"檀香扇事件"与"反右"运动中的经历，除戴小京《画坛圣手——吴湖帆传》外，本书主要参考了上海中国画院所编《上海中国画院（1956—2004）》（上海人民出版社2004年）、邢建榕《吴湖帆之死》（《世纪》1994年第5期）。

[11]《绮罗香》末句"小窗闲共语"，是用姜白石《探春慢》之"小窗闲共情话"。在写1955年上元节的《玉山枕》（《佞宋词痕》卷六）中，吴湖帆也说过："小窗情话从头起。便消得、宜春气。……醉歌联臂玉山偎，殢清梦、管谁兴废……"1961年大暑，吴湖帆又为吕贞白书联云："下了珠帘，小窗闲共情话；安排金屋，此地宜有词仙。"其事可参本书第十五章《多病多愁》。

[12] 吴氏《青玉案》《南乡子》和五首《珍珠帘》皆收入《佞宋词痕》手稿五。其中《青玉案》《南乡子》亦见于《佞宋词痕》八卷后第二卷，五首《珍珠帘》亦见于《佞宋词痕》手稿卷九。

十五　多病多愁

（一）

吴湖帆真的老了。

1958年的春天，当吴湖帆写下"人生病欺易老"之时，他已经意识到，疾病真的可以加速一个人衰老的进程。1958年立夏后，吴湖帆连宵咳喘，无法安睡，心头还时时感到闷损，昔年的喘病又发作了。[1]到了冬天，喘病再一次复发，他在写给群玉斋主人李启严的信中说：

> 启严先生台鉴：奉书敬悉。弟一年余既忙且病，尊属《校碑图》迟未动笔，殊深歉仄……今冬旧病大发，气喘大呛，夜寐不安，至苦，乞允宥为荷。病榻手复。[2]

不难看出，1958年里，吴湖帆情怀郁郁，旧病频发。检《佞宋词痕》手稿五，还可以找到一首写于1958年冬的《临江仙·感病》，词云：

> 久病多愁成瘦损，翻教腹大如匏。错疑倨岸不弯腰。人逢称发福，我听把头摇。　最恨西风常作祟，几经刺骨难熬。气虚力竭足偏跷。何当牛喘月，却肖马嘶飙。

词中"牛喘月""马嘶飙",正是形容吴湖帆的喘病——信中之"旧病大发,气喘大呛"。此外,从"腹大如匏""气虚力竭""足偏跛"来看,当时吴氏整个健康状况都不容乐观。[3] 不难猜想,1957年"反右"运动给他精神上的沉重打击,是他1958年健康出现问题的重要原因。

1959年后,吴湖帆的健康状况稍有好转。但好景不长,1961年初的某一天,"有朋自远方来探视他。那天他兴致特别好,直至夜阑客归之后,还濡墨挥毫连作数画,不料于翌日清晨就患中风……"(戴小京《画坛圣手——吴湖帆传》)中风后,虽赖友人针灸家方幼庵的精心治疗,使吴氏卧床不久后又恢复了行走。但从此,吴氏身体日亏,之后数度中风,几次入住华东医院,而在他生命最后的三年中,竟又因中风而致口喑不能言。[4]

1961年初吴湖帆突患中风,自然和他种种不健康的状态长期累积有关。但除此之外,1960年发生的两件事,也必然曾对他的精神产生过强烈刺激。

一件事,是1960年6月20日,上海中国画院正式成立,丰子恺出任院长,而曾被内部选定为院长的吴湖帆,最终和周鍊霞一样,只成为了一名普通画师。在经历了"反右"运动的冲击后,对这样的结果,虽说吴湖帆应该早有预料,但当事实最终摆到他眼前之时,作为昔日的"海上画坛盟主",其内心之愤懑与不平,仍然是可以想象的。

另一件事,则是吴湖帆和周鍊霞的关系也恰巧在1960年出现了问题。前文曾说,从1958年开始,吴、周之间的情感天平就已经出现了某种失衡。而在1960年初"上元移筝"后,周鍊霞的词里也就再没有出现过吴湖帆的身影。终于,到1960年夏,我们在吴湖帆的词作里,发现吴、周二人有出现感情变故的迹象。可以想象,此事对吴湖帆当时的打击,尚且要在画院院长的任职被黜免之上。

1960年夏，吴湖帆填了一首《六丑·次周清真韵》（《佞宋词痕》手稿五）：

> 傍垂杨系马，绾玉组、风流争掷。去时梦痕，行云曾比翼。默记踪迹。最恋销魂处，素心檀口，冠蕊珠南国。回文锦字余春泽。露点银盘，霞飞绮陌。相将重怜轻惜。怅深情一往，愁被疏隔。　花容幽寂。锁烟光淡碧。暗恼芳菲了，沉信息。韶华过眼如客。苦思萦寸寸，笛声凄极。危阑倚、懒弹簪帻。应莫道，弱水蓬莱缥缈，放怀身侧。扁舟棹、月候归汐。怨此生、不是无缘分，缘无分得。[5]

上片说检点梦痕，昔年比翼之佳人，今日踪迹却只能"默记"。而论佳人之"素心檀口"，在南国佳丽中亦可称翘楚。何况其文采之佳绝，更让词人不由不对之百般怜惜。不过，曾经的一往深情，如今却开始疏远与隔阂。下片云别后之佳人，春光深锁，或许也会花容寂寞。而芳菲易逝，消息沉沉，这让词人的寸寸愁思，又如何排遣？最终，词人感叹，二人纵使今生有缘，恐怕也只能是有缘而无分了。

既云有缘而无分，那在1960年夏，吴、周二人的关系必然已出现了严重的问题。虽然《佞宋词痕》手稿五到1960年夏就戛然而止，但幸好，在《佞宋词痕》手稿卷九里，我们还可以读到八首写于1960年夏日之后的作品。[6] 从这八首作品中，我们既可一窥吴湖帆在遭遇情感变故后的心理状态，也可以从侧面了解到周鍊霞对此所持的态度。

先看手稿卷九中的《轮台子·次柳屯田韵》：

> 宿酒闲眠醒未，仿佛透、晴槛梦觉。人归绿野红窗，马勒绣堤芳草。凝眸花簇团团，听枝头、唱彻和鸣鸟。记兰舟并泛，去

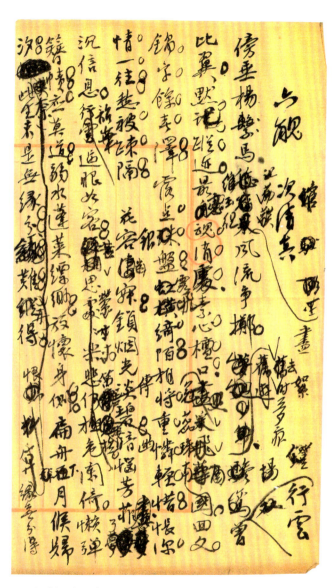

吴湖帆《六丑》手稿

水悠悠南陵道。　回看蘸碧垂杨，倚楼怯、送春破晓。悔当初，却风流放过，光阴多少。叹凤影双双，鹭盟杳杳。障几许情缘，怨恩难分表。待相思、平生愿了。会心在，月下重逢，眉妩频含笑。

词中"去水悠悠南陵道"，自是回忆吴、周二人所赁龙华"小房子"的旧事。上片说宿酒将醒未醒之际，晴日透窗，仿佛间，词人又回到昔年吴、周二人所赁的"小房子"里。当时，人语红窗，马嘶芳草，帘外簇簇之花团，枝头啾啾之鸣鸟。如此佳境，如今却只有梦中才能追忆了。下片则云回首往事，后悔当初那么美好的时光，却只道寻常，被轻易放过。而词人与意中人相偕之盟约，也已渺茫而无凭矣。多少情缘业障，怨怨恩恩，如今更是难以分说表白。词人盼望，或许有一天，他还能与意中人月下重逢，彼此会心一笑，以遂平生的相思之愿。

词中，吴湖帆既说"怨恩难分表"，那在这场情感变故的背后，或许还隐藏一些涉及吴、周二人的矛盾且不为我们所知的原因。不过，男女由相恋而分手，原因往往是多方面的。而彼此间的"恩怨"，既然连当事人自己都很难"分表"，我们就更不必去臆度与揣测了。昔年吴湖帆亦有《满江红·次柳屯田韵》云："怨奈恩何，争生舍、心头牢系。尝不尽、许多烦恼，个中深味。……"(《佞宋词痕》卷七)不也是吴氏自忖，即便对周鍊霞有怨，但每当想到伊人之恩，所生之怨也只有无可奈何矣。明明知道这段感情会生出无穷烦恼，却又总无法割舍内心对伊人之牵挂……

不妨试想，当时吴、周二人既同在上海中国画院任画师，因此即便分手，彼此也常有见面的机会，很难真正断绝来往。兼之吴湖帆不能忘情，故每次见到周鍊霞，其内心又会重新泛起波澜，惹出无穷的烦恼。我们再看手稿卷九中的《大有·次周清真韵》：

斜日飞花，流年催箭，怪近来、人面清瘦。总无聊，双蛾紧蹙慵斗。偷闲独爱傍池坐，省鸳鸯、默思珍偶。恨煞彼此难言，情钟自我缄口。　净缘诵，无等咒。试把晦因韬，一灯静守。轻别经时，见了又还依旧。若意转心回后。应尽洗、当初僝僽。愿共永日相随，同歌大有。

上片说水流花谢，年光易逝。而在情感变故后，佳人也同样清瘦憔悴，双蛾紧蹙。她傍池独坐，看鸳鸯双双，或许也在自叹形单影只。其实词人也正有无限心事，想向她倾诉，而彼此却很难再像从前那样畅所欲言了。不过，词人既然钟情于她，那不如就此缄口，不再

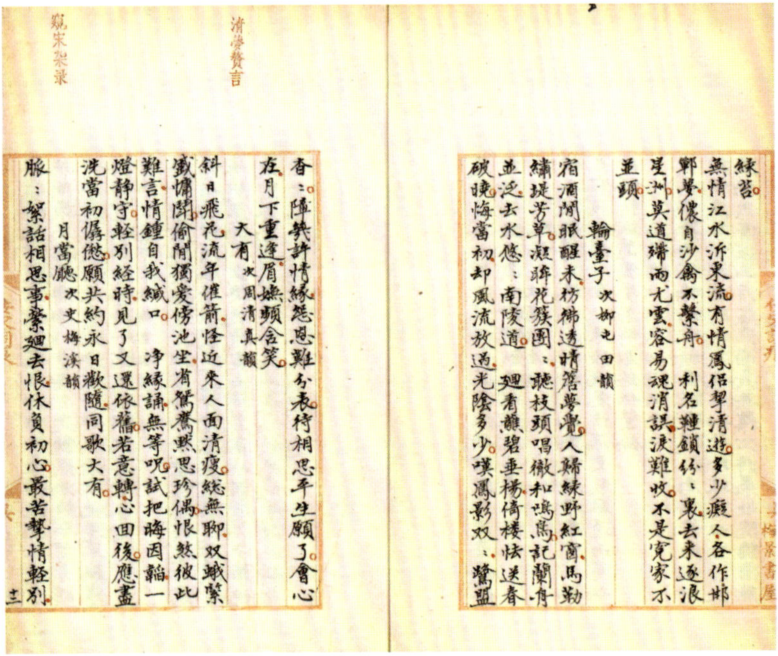
綠苔
無情江水泝東流有情鳳侶挐清遊多少癡人各作邯
鄲夢儂自沙禽不繫舟　利名難鎖紛紛裏去來逐浪
星洲莫道殢雨尤雲容易魂消誤淚難收不是冤家不
聚頭
輪臺子　次柳屯田韻
宿酒闌眠醒未彷彿透晴窗夢覺人歸綠野紅窗馬勒
繡堤芳草凝睇花簇團團聽枝頭唱徹和鳴鳥記蘭舟
並泛去水悠悠南陵道　廻看離碧垂楊倚樓怯送春
破曉悔當初卻風流放過光陰多少嘆鳳影双双鷺盟

清夢贅言
香香陣陣幾許情緣毖恩難分表待相思平生願了會心
在月下重逢眉嫵頻含笑
大有　次周清真韻
斜日飛花流年催箭怪近來人面清瘦總無聊双蛾緊
蹙慵鬥偷閒獨愛傍池坐省鴛鴦默思珍偶恨煞彼此
難言情鍾自我緘口　淨緣誦無等咒試把晦因韜一
燈靜守輕別經時見了又還依舊若意轉心回後應盡
洗當初僝僽願共約永日歡隨同歌大有
月當廳　次史梅溪韻
脈脈絮話相思事縈廻去恨休負初心最苦摯情輕別

吴湖帆《轮台子》《大有》

去打扰她。下片说词人静守灯前，诵念佛经，尝试隐匿并压抑内心的情感与痛苦。可每次与伊人相见，那些情感与痛苦又会从心底涌出，依旧来折磨自己。如果伊人真能够心回意转，那自可一洗所有的烦恼与折磨。最终，词人祈愿，有朝一日能再与伊人长久相随，一同来歌唱这首《大有》。

从《六丑》《轮台子》《大有》等词作中，我们已不难断定，大约在1960年夏，吴、周二人发生了感情变故。既然吴湖帆仍旧恋恋不舍，盼望周錬霞能"意转心回"，那说明这场变故的起因，当是由周錬霞提出分手，希望终止彼此的关系。不过，对于周氏决绝的态度，吴湖帆并没有在词中埋怨或指责，反而是坦承彼此间"怨恩难分表"。虽然吴湖帆祈愿与周錬霞能再"永日相随"，但他也不得不承认二人其实已经"缘无分得"了。

（二）

我们再说说1961年初吴湖帆的突患中风。检吴氏所画《岳阳云梦图》，有一段题记云：

> 庚子岁腊，偶兴写此小卷。越旬日突患中风，今幸获痊起，而左偏软弱无能，但右腕不免稍颤……辛丑仲春之望，倩庵识。[7]

画《岳阳云梦图》的"庚子岁腊"，已是1961年1月。画好后过了十天，吴氏"突患中风"。而到写这段题记的"辛丑仲春之望"，是1961年3月31日，这时吴氏"幸获痊起"。但痊起之初，吴氏"右腕""稍颤"，因此这段题记写来，笔画仍颤颤巍巍。

从时间上看，吴氏"突患中风"离吴、周二人发生情感变故的

1960年夏，大概只有半年多的时间。很难说，这二者之间没有任何关联。虽然在方幼庵的治疗下，吴湖帆不久即恢复了行走，但这场中风还是给吴氏留下了两个后遗症。

一个是左足之麻。夏承焘《天风阁学词日记》1961年8月27日载："访吴湖帆……谓半年病左足，艰于步履。"1966年吴湖帆致函谢稚柳仍云："弟不幸而中风，大幸而未死。闻兄两手剌麻，弟为左足之麻，深挂同情……"（《吴湖帆年谱》）

另一个是左手无力，不过右手幸好尚能握管。吴氏弟子颜梅华回忆："中风的后遗症是左手有些麻木，不太好动，而画画的右手没有坏，所以有方闲章叫'真手不坏'。"[8] 在《吕伯子诗存》中，友人吕贞白也说："湖帆患风疾后，尚能作画，叶遐庵赠以'真手不坏'四字，湖帆刻石章纪之。"今检《吴湖帆自用印集》，果有叶潞渊所刻"真手不坏"朱文方印，此印当是在1961年"幸获痊起"后所镌。[9]

不过，从《岳阳云梦图》的题记上看，这只"不坏"的"真手"在病愈之初，还是有些"微颤"的。而这种"微颤"的笔迹，笔者管见所及，还有两处：一处，是在《佞宋词痕》手稿卷九的卷末，吴氏题"附录又集梦窗句题《螺川韵语》"及断句"泠然九秋肺腑（《金盏子》）"两行。[10] 另一处，则是题在徐隋轩初拓精本《隋美人董氏墓志》上。

初拓精本《隋美人董氏墓志》（下称"《董美人》"），是梅景书屋收藏金石碑帖中的名品，今已庋藏于上海博物馆。昔年，吴氏因有家传《隋常丑奴墓志》，所以一直也想觅得"董美人"，来与"常丑奴"为伴。1927年夏，吴氏终于获得《董美人》的"初拓精本"，喜不自胜，珍爱异常。他常常随身携带，连晚间入寝，亦不离手，戏称"与美人同梦"。为此，他还特意置办了一方"既丑且美"的印章，以资纪念。[11]

《佞宋词痕》卷九末所附之残句

其实，此志在吴湖帆的碑帖收藏中，若论珍贵程度，尚不能与"四欧宝笈"和《梁永阳昭王敬太妃双志》《许真人井铭》等相比，但谈到吴氏对它的宠爱程度，却丝毫不亚于梅景书屋所藏的各种名迹巨宝。我们且看1961年病起之初，吴湖帆在《董美人》上所写的这几行颤颤巍巍的题记：

> 余得此志后乞题词五十家，继并女史四家，展为六十家。初和作四十六首，后陆续足成十首，旋得中风病，不能作细楷，索螺川补书十首。续和之女史词二首，由螺川任之。螺川爱此志，物归所好，缘偿斯愿。辛丑之春吴倩病起识。[12]

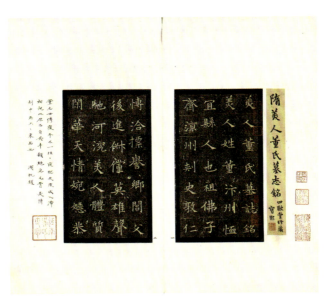

《隋美人董氏墓志》初拓精本

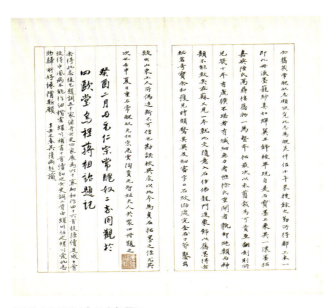

《隋美人董氏墓志》吴湖帆题记

从题记上看，吴湖帆为《董美人》征得的题词最初为五十家，继而扩展为六十家。而六十家题词加六十首和词，一共是一百二十首。后来，吴氏又将这一百二十首悉数誊抄于另册，编为《袭美集》。[13] 今检《袭美集》，我们可以知道六十家题词里，"女史四家"为李锺瑶、陈乃文、冼玉清、顾飞。李锺瑶、陈乃文的题词，为潘静淑生前所和，和作俱见潘氏《绿草词》。而冼玉清、顾飞的题词，则由周錬霞"续和"。此外，吴湖帆初作和词只有四十六首，由他自己抄录。后来续作的十首，未及抄录，中风后则请周錬霞"补书"。[14] 据此，"补书"自当发生在1961年后，其时吴、周二人虽已分手，但看来并未完全断绝来往。[15]

可以说，在梅景书屋的藏品中，如此大规模的征集题词，是绝无仅有的。《董美人》后附一百二十首词这样的规模，只有昔年为悼念潘静淑"绿遍池塘草"而征集的一百二十首诗词书画才能与之颉颃。凭此，也足以看出吴氏对此志的宠爱之深。而从"女史四家"的和词情形看，周錬霞可谓完全继承了潘静淑的位置。不妨说，在吴氏心中，同顾抱真相比，周錬霞才更像是梅景书屋的女主人。

至于题记中"螺川爱此志，物归所好，缘偿斯愿"，自然是说吴湖帆将《董美人》送给周錬霞，以满足周氏"爱此志"的夙愿。按《董美人》本是隋文帝四子蜀王杨秀为哀悼美人董氏而撰，其文缠绵哀婉，令人一唱三叹。这与吴湖帆和周錬霞分手后的心境约略相似。因此，将此志送给周錬霞，除"螺川爱此志"外，或许吴湖帆还想通过杨秀思念董美人的文字来间接表达自己对周錬霞的相思之情。当然，将这样的铭心绝品赠送给分手后的情人，一方面，可能吴氏认为，唯有此志才配作为二人相恋多年的纪念；而另一方面，或许吴氏也想试试，看看还有无挽回这段感情的可能。

不过，笔者推断，对于如此贵重的馈赠，周錬霞并没有接受。首

先，无论是在上海博物馆举办的"吴湖帆书画鉴藏特展"上，还是曾
详细介绍过此志的《吴湖帆的艺术世界》里，我们均未在《董美人》
上发现有任何周鍊霞的题记或钤印（为吴湖帆补书十首和续和二首除
外）。要说此志曾由周鍊霞收藏，除吴湖帆自己1961年初的题记外，
并无其他证据支持。其次，从情理上推断，周鍊霞既主动提出与吴湖
帆分手，而且态度决绝，又没有"意转心回"的打算，那她如何能再
接受吴氏这么贵重的馈礼？这从人情上也说不通。第三，则是一个更
有力的证据，可以证明直到1964年，此志仍留在吴湖帆手中。我们看
《字响调圆——龙榆生藏现当代文化名人手札展作品集》中，吴湖帆致
龙榆生的一封信：

> 榆兄大鉴：久违疏笺为歉。弟自施手术后已将一年，心腹之
> 患已除，但贱躯气虚，不能步履出门，只得在家休养。检得《隋
> 董美人墓志》，题词中尚少二家（六十家），一属贞白，一拟致求
> 兄赐题一小词，无须大调也。料不致拒，即附小笺。（款赐湖帆，
> 不书倩庵）（千万勿题年月）因以前者皆在卅年以前也。拜感之
> 至。弟湖顿首。

此信虽未署时间，但从"弟自施手术后已将一年，心腹之患已除"
来看，当是指1964年春节，吴氏因患胆结石而在华东医院做手术之事
（见《吴湖帆年谱》）。再检龙榆生《忍寒诗词歌词集》，龙氏题《董
美人》的《虞美人》也恰恰作于1964年底。不难推断，吴氏这封信当
是在1964年底所写，这时距他的胆结石手术恰好"已将一年"。既然，
1964年底《董美人》仍藏于吴氏之手，那么，1961年初又如何能将之
送与周鍊霞？笔者推断，《董美人》的题记上虽留下了1961年赠与周
氏的记录，但周鍊霞最终并没有接受。而从这件事上也不难看出，到

吴湖帆致龙榆生函

1961年初，分手后的周錬霞仍旧态度坚决，没有任何"意转心回"的可能。[16]

（三）

1960年夏，吴湖帆虽知与周錬霞已"缘无分得"，但对这段感情，他却始终无法释怀。

1960年冬，吴湖帆先是请陆俨少作《清梦吟巢图》。此图作为吴氏"二十四斋图"之一，也算是为吴、周二人曾经吟诗作画的爱巢留一纪念。到1961年大暑，吴湖帆又为挚友吕贞白书联："下了珠帘，小窗闲共情话；安排金屋，此地宜有词仙。"款曰："贞白道兄论词甚峻，对白石尚有贬语，余集此联语于清梦吟巢将十载矣，录寄贞兄一评，颇赏之，爰重书奉教。辛丑大暑，病起试笔，吴倩并识。"吴湖帆的"清梦吟巢"，应当是从1953年秋开始使用"清梦"一词后才起的斋名，到1961年夏，差不多"将十载矣"。而1954年后，"清梦吟巢"很可能又专指吴、周二人在龙华所赁的"小房子"。因此，在吴、周分手后，"清梦吟巢"无疑成为了吴氏最魂牵梦系之所。[17]

大约在与周錬霞分手前后，吴湖帆还请吴朴堂刻了一枚"便写就新词情谁寄"的朱文方印，印文出自宋人谭宣子的《春声碎》词。我们说过，无论是《佞宋词痕》十卷本加手稿卷九，还是上海图书馆所藏《佞宋词痕》的五部手稿，收词基本都止于1960年。而两种版本系统的词集之所以都会止于此时，自然是因为吴、周二人的恋情恰恰是在此时结束的。既然与"填词侣"分手后，无复唱酬之乐，那吴湖帆的词兴自然随即大减，即便再有新作，也少知音可寄了。这恐怕才是"便写就新词情谁寄"的真正含义。

1962年上元，糜耕云又应吴湖帆之请，作《万宜楼图》。此图同

吴湖帆赠吕贞白对联

吴朴堂刻"便写就新词倩谁寄"朱文方印　　　　陈巨来刻"万宜楼"朱文椭圆印

糜耕云《万宜楼图》

吴湖帆《紫竹》扇面

样为吴氏"二十四斋图"之一，吴氏自题："此吾故乡藏书楼名。"按"万宜楼"为清末汪鸣銮在苏州的藏书楼，汪鸣銮虽是吴湖帆祖父吴大澂的表弟，但这似乎不足以成为吴湖帆使用"万宜楼"作自己斋名的原因。笔者认为，此斋仍是吴氏隐晦闲情的手法之一。盖吴湖帆原名"万"，周錬霞原名"紫宜"（后以"紫宜"为字），而"万宜楼"者，正暗含了吴、周二人之名，这无疑又是吴湖帆为纪念二人恋情才起的斋名。1964年，吴湖帆再请陈巨来刻"万宜楼"朱文椭圆印，补钤在縻耕云的画作上。

　　1963年，吴湖帆逢七十整寿，这一年吴氏本有重订《佞宋词痕》的打算，后来因事未果。大约在七十寿辰前的一个月，吴湖帆画了一幅紫竹扇面，款曰："癸卯大暑为螺川弟作，吴湖帆。"（香港苏富比1994年春拍）但我们并不知道此扇是否送出，以及周錬霞是否有回应。不过，这一年的七十寿辰，据袁啸波《吴湖帆七十寿辰"词寿序"及祝寿礼单》可以看出，在五十多人寿礼明细中，并没有出现周錬霞的名字。可以想象，七十寿宴的场景，必定是热闹非常的，但在吴氏心中，却总免不了一丝落寞与遗憾。这一年的秋天，张大千又从巴西寄来的一幅《泼墨荷花图》，作为吴氏的寿礼。收到画后，吴湖帆题了一首《洞仙歌》在画上：

> 亭亭绝色，散清波香汗。湛露明珠翠盘满。镜屏开、玉女斜立瑶台，拚醉舞、颠倒烟横雾乱。　　晓风吹未醒，倾盖鸳鸯，惊道雌霓界银汉。旧梦正依依，凭谁计、月华西转。闹一舸、残红水中央，纵拨尽相思，淡妆秋换。
>
> 此去岁次苏东坡《洞仙歌》韵，移题大千是图上空。吴倩并识。

此词虽咏荷花，但表达的仍是吴湖帆和周錬霞分手后的伤感。昔年，吴、周曾合作过多幅《荷花鸳鸯图》，如今酒醒梦断，鸳鸯已遥隔银汉，而伫立于水中央的荷花，也只剩下零乱的残红，又随秋风而凋换。《洞仙歌》虽书于1963年秋，但据词后之跋，可知是吴湖帆1962年所写。

自1961年中风后，吴氏的身体每况愈下。除中风外，1962年吴氏还因患胆疾而住院。到1964年春节，胆疾越发严重，吴湖帆不得不到华东医院做了胆结石手术。1964年7月3日，吴湖帆致信杨仁恺云："弟今年夏至节令，适逢黄梅季候，伤口上忽作痛。于今已十余日矣，精神萎顿，眠食俱不佳……"（《吴湖帆年谱》）到了冬天，吴湖帆在给龙榆生的信中仍说："弟手术后已将一年，心腹之患已除，但贱躯气虚，不能步履出门，只得在家休养。"这些，都足以看出吴氏的身体在1964年因胆结石手术而虚弱至极。另有一首写给吕贞白的《八声甘州·病

张大千《泼墨荷花图》

院中清明阴雨》(《吴湖帆佞宋词痕册》),也可以推断是在1964年所作,词云:

> 伫斜风细雨展清明,一般断魂天。料青林穿表,春旗卷碧,花径横烟。巨奈新枝旧蕊,缭绕各争妍。芳草无穷里,流水华年。却使金刀披胆,任病床转侧,何计寻钿。念佳人消息,如梦怎缠绵。且沉吟分襟高卧,况苦谙辛味药炉前。重凝想,据琼楼上,半似游仙。

在吴湖帆书赠吕贞白的词笺上,钤有"湖帆七十后作"的白文方印,故知《八声甘州·病院中清明阴雨》必是在1963年后所作。另据词中"却使金刀披胆,任病床转侧,何计寻钿",更可坐实此词是吴氏在胆结石手术后的1964年所写。这一年的清明节,病榻上的吴湖帆念念不忘的,仍旧是"佳人消息,如梦怎缠绵"。如果从1960年吴、周分手时算起,至此已有四年的光景,可吴湖帆仍旧放不下他和周錬霞之间的这段感情。不过,这时的吴湖帆已不再期待周錬霞能"意转心回",我们从词中读到的,只剩下词人自己的彷徨与绝望了。

1965年10月,吴湖帆再度中风,入住华东医院。1966年,被抄家后的吴湖帆又因地主身份,被华东医院逐出。1968年7月7日,吴湖帆病逝于梅景书屋的寓所内,享年七十五岁。在吴氏人生的最后三年里,他偃蹇病榻,口喑不能言。据吕贞白记载,1967年正月,病榻上的吴湖帆曾遣仆人顾凤仙持片纸慰问吕贞白是否平安。吴氏是否也以同样的方式问候过周錬霞呢?我们就无从得知了。

"文革"中,周錬霞其实同样受到了严重冲击。批斗中,周氏被人打瞎一目,但"宁人斗她,她不写任何人一张大字报也"(陈巨来《记螺川事》)。1966年9月15日,上海中国画院和上海材料研究所(周

吴湖帆《八声甘州》

氏长子徐明北之单位）的四名红卫兵，一起来巨鹿路周寓抄家。在打开周錬霞的保险箱后，金银首饰等由上海材料研究所接收，其余照片、信件等则由上海中国画院接收。在上海中国画院的接收名单中，赫然有"吴湖帆、周錬霞双人照二张"。[18]据此来看，自1960年夏与吴湖帆分手后，吴、周二人的合影就一直被周錬霞珍藏在家中的保险箱里。那么，与吴湖帆的这段感情，周錬霞是不是也同样珍藏于心底呢？或许，当年的情感变故，双方都有不得言说的苦衷。而这段情感经历在彼此生命中留下的痕迹，却又是永远都无法磨灭的。其实，任何一段刻骨铭心的爱情，往往都难以长久并会留有遗憾，但不也正因此，人们才会更加去珍惜和怀念吗？

周錬霞后来在写给友人的信中说，吴湖帆身后，香港有人欲印吴氏画集，曾请周錬霞题词，周书一对联云："生命有涯，百龄俄顷；丹青不朽，千古依然。"[19]在周錬霞看来，吴湖帆的生命虽有时而尽，但他的作品却可以长存而不朽。那么，作品背后所蕴藏的这些情感故事呢？会不会也能像作品一样长久流传呢？

―――――――――

[1] 1958年吴湖帆有《浣溪纱·立夏后气候不景旧疗重发感怀》云："四月乍晴乍雨天。连宵急喘不成眠。时还闷损压心弦。　生怕春归无赖意，偏教病搅却难言。良辰美景怎流连。"（《佞宋词痕》手稿五）

[2] 李启严是香港收藏家，他曾请吴湖帆画《群玉斋校碑图》，但吴氏因身体原因，迟至1960年才动笔作画。这封信札是吴氏向李启严解释迟画的原因，落款时间为"一九五八、十二、三日"，此信今装入《群玉斋校碑图》的拖尾上，见于广州华艺国际2018秋拍。

[3] 词中"腹大如匏"，可参戴小京《画坛圣手——吴湖帆传》："他过去饮食甚有节制，此际却特别喜进甘肥，由是而体态日渐丰硕，但这却掩盖不住潜在的内里消耗，他的身体明显虚弱下去，步履开始蹒跚起来。继而病魔便一次又一

次侵袭了他。"1957年朱省斋来上海,见到吴湖帆时说:"湖帆……大腹便便,好像一只航空母舰!"(见《朴园日记》,海豚出版社2012年。)1961年夏承焘来访,见到中风后的吴湖帆亦云:"访吴湖帆,二十年不见,魁梧几不能识……"(见《天风阁学词日记》,载《夏承焘集》,浙江古籍出版社1997年。)

[4] 吕贞白《吕伯子诗存》(私印本)中有《上海画院为湖帆举行追悼会距湖帆之逝已十一年沉冤得雪而秘箧所藏俱尽可不哀哉往吊悲不能胜四十余年之交谊恍犹在目前也》云:"病榻三年无可语……"吕氏自注:"湖帆患风疾,口喑不能言者三年。"吕氏诗存中又有《追悼湖帆会散归途悲不能胜哭之成诗》云:"闻君卧病时,斗室已壁立。义仆依身旁,不忍离君侧。君喑不能言,吞声已结舌。此时尚念我,片纸情难白。字迹不能辨,睹此伤吾魄……"吕氏自注云:"丁未正月十四日,君遣仆人间道持片纸,书字欹斜,问予安否?"丁未即1967年。另按,郑逸梅《吴湖帆藏画轶事》云:"湖帆晚年,忽而喉道梗塞,不能饮啖,又复施手术,从此喑不能言,偃蹇小榻。我慰问他,他屈着大拇指以示向我鞠躬。接着,十年浩劫开始,所有书画文物并家具被抄一空……"此外,邢建榕《吴湖帆之死》也说:"他经数度中风后,身体极度虚弱,发展到后来,竟至喉道梗塞,痰结不能排出,既不能说话,又不能进食,复施行手术,切开气管,靠插入导管维持生命。终日辗转病榻,痛苦万分。"据此,可以推知吴湖帆"口喑不能言"的"三年",大概是从再度中风的1965年直至逝世的1968年。

[5] 在《佞宋词痕》手稿五中,《六丑·次周清真韵》之前有《瑞鹧鸪·次屯田韵二首梅夏》,之后是《石湖仙·次白石韵徐森老八十》。按徐森玉生辰为1881年旧历七月廿三日(据牟润孙《徐森玉先生九十寿序》),故可推知此词亦是在1960年夏日所作。

[6]《佞宋词痕》手稿卷九录词共三十九首,前三十一首皆来自《佞宋词痕》手稿五,是1960年夏日之前所作。而之后的八首,为吴氏其他词集稿本所不载。且八首词后,有一断句,题云"附录又集梦窗句题《螺川韵语》",断句云"泠然九秋肺腑(《金盏子》)",这两行笔画颤颤巍巍,虽未完稿,但从笔迹上可

推知是吴氏在1961年初中风病起后所书（后文有论）。据此，当可推定八首小词
应是在1960年夏至1961年初之间所作。

[7]《岳阳云梦图》可参王叔重、陈含素编著《吴湖帆年谱》（东方出版中心
2017年）。吴氏在此图上的题跋手迹，笔者曾蒙王叔重兄见示。

[8]《颜梅华口述历史》，陈祖恩撰稿，上海书店出版社2016年。

[9]《吴湖帆自用印集》，汪黎特、张令伟编，浙江人民美术出版社2019年。
按叶氏所刻"真手不坏"印为吴湖帆1960年代所常用。如1961年大暑，吴氏书
赠吕贞白对联（北京保利2018年秋拍）；1962年新春，吴氏题旧作《仿赵文敏九
夏松风图》（上海天衡2010年秋拍）；1963年旧历二月，吴氏题陆俨少《双松楼
图》（中国嘉德2018年春拍）。

[10]《佞宋词痕》手稿卷九后所附集梦窗句题《螺川韵语》，在2019年西泠
印社秋拍之周鍊霞旧藏吴湖帆抄《螺川韵语》中可窥全豹。其词为《莺啼序·集
吴梦窗句》："泠然九秋肺腑（《金盏子》），枕瑶钗燕股（《宴清都》）。却因甚
（《六丑》）、罗扇恩疏（《莺啼序》），看取宋玉词赋（《东风第一枝》）。念聚散
（《声声慢》）、重来万感（《夜合花》），芙蓉心上三更露（《齐天乐》）。最伤情
（《锁窗寒》）、碧藕藏丝（《天香》），萦思千缕（《风流子》）。　芳节多阴（《霜
花腴》），昨梦顿醒（《惜秋华》），寄残云剩雨（《瑞鹤仙》）。那消得（《祝英台
近》）、步障深深（《龙山会》），吟花酌露尊俎（《拜新月慢》）。灺绿窗（《寒垣
春》）、柔怀难托（《醉落魄》），抱素影（《解连环》）、离痕欢唾（《莺啼序》）。
甚年年（《探芳信》）、五月晴霞（《声声慢》），软红如雾（《扫花游》）。　孤
鸿洛浦（《祝英台近》），连棹横塘（《夜合花》），絮花寒食路（《玉漏迟》）。又
趁得（《宴清都》）、画图重展（《梦芙蓉》），月下相认（《花犯》），皓鹤传书
（《无闷》），彩鸳愁舞（《过秦楼》）。紫第一曲（《木兰花慢》），冰弦三叠（《暗
香》），青山南畔红云北（《醉落魄》），恁风流（《高山流水》）、心景凭谁语（《一
寸金》）。春风宛转（《瑞鹤仙》），人生未易相逢（《风入松》），同惜天涯为旅
（《齐天乐》）。　螺屏暖翠（《绛都春》），宫粉雕痕（《高阳台》），共评花索句

（《满江红》）。便抵作（《绛都春》）、少年清梦（《醉蓬莱》），芳芷嘉名（《江南春》），柳带同心（《烛影摇红》），画眉添妩（《江南好》）。乌丝醉墨（《瑶华》），红牙拍碎（《风流子》），梅深驿路香不断（《绛都春》），寄新吟（《倦寻芳》）、携手同归处（《水龙吟》）。并禽飞上金沙（《绛都春》），似说相思（《江梅引》），问春在否（《木兰花慢》）。"

[11] 事见郑逸梅《吴湖帆藏画轶事》，载《人物和集藏》，黑龙江人民出版社1989年。

[12] 上海博物馆所藏初拓精本《董美人》至今未全文公布。此页题记曾在2015年上海博物馆举办的"吴湖帆书画鉴藏特展"中展示过，题跋文字亦见于顾音海、佘彦焱著《吴湖帆的艺术世界》（文汇出版社2004年）。

[13] 《袭美集》手稿今藏于上海图书馆，有关此手稿之详情，可参梁颖《词人吴湖帆》。

[14] 周鍊霞"补书"究竟为哪十首？今尚不详。据2015年上海博物馆所办"吴湖帆书画鉴藏特展"中所展示《董美人》的部分内容，可知题词中金天羽的《水龙吟》，和词为周鍊霞所书。

[15] 吴、周分手后，仍有一些书画合作，或是应友人之请，或是因工作之需。如1961年吴、周二人为平初霞合书一扇，周氏款云："初霞贤弟雅属，辛丑春日鍊霞书。"1962年10月1日《新民晚报》上发表国画《占得东风万种春》，亦为吴湖帆与周鍊霞、王个簃、江寒汀、陈佩秋、贺天健、张红薇、谢稚柳等合作。

[16] 1964年底，吴湖帆请龙榆生和吕贞白为《董美人》题词时，曾云"六十家"中"尚少二家"。承上海博物馆柳向春先生相告，今日《董美人》册后所装入的题词里，龙、吕二家恰好排在最后。那么，1961年初，吴湖帆作题记时虽云"展为六十家"，看来还只是一个美好的计划。这个计划是在之后的数年里，才陆续完成的。

[17] 吴湖帆为吕贞白书联见于北京保利2018年秋拍，即上文所云钤有"真

手不坏"之印者。这副集姜白石词的对联在吴湖帆自作词中也均曾化用过。如1955年作《内家娇》云:"闲修画谱,宜有词仙占得,翩翩多媚。"1958年作《绮罗香》云:"甚时得、离绪齐捐,小窗闲共语。"而下联中既说"清梦吟巢"是"宜有词仙"的"金屋",那在吴湖帆心中,"清梦吟巢"后来当专指吴、周二人在龙华所赁的"小房子"。

[18] 笔者于坊间曾见周鍊霞抄家清单,其中记载上海中国画院接收有:"黄色画12张;严大生彩色照片1张;纸扇一把;吴湖帆、周鍊霞双人照二张;各种照片8张加133张;抄书簿子1本;信件15封。"于长寿先生多年前曾电话告知笔者,他听谢之光讲,在周鍊霞家的保险箱里,"文革"中曾抄出吴、周二人的合影"艳照"。笔者后来见到抄家清单,方悟出这恐怕是因为既抄出"黄色画",又抄出吴、周二人的合影,因此才以讹传讹,遂有抄出"艳照"之说。这里的"黄色画",或为西方人体素描,或为中国传统春宫,实为文人雅玩,不足怪也。

[19] 此信见张开勋《拙翁翰墨》(私印本1999年)之《周鍊霞致拙翁函撷萃》。

后 记

这不是一部风月八卦之书，而是一本文史考证之作。考证的内容，是近代画家、词人吴湖帆和周鍊霞的恋爱故事。

今天，对艺术家的生平经历，尤其是情感经历的研究，早已成为艺术史研究中的重要一环。可以说，如果不走进艺术家的情感世界，我们其实很难真正理解他们的艺术创作。孟子曰："诵其诗，读其书，不知其人，可乎？"正是这个道理。

何况，即便单纯索隐吴、周之情事，本身也是一件极有兴味的事情。作为画家、词人，吴湖帆、周鍊霞哀乐过人，他们恰恰是晋人所说"情之所钟，正在我辈"者。而吴湖帆当年又有意将这段恋爱故事，发之为吟咏，寄之于翰墨，这必然会引起后世读者无穷的兴趣。本书的写作，其实是一系列探谜揭秘的过程，是作者根据吴湖帆词中留下的种种线索，通过一个个考证，还原出一段隐藏了六十多年的情感故事。

不过，用"词"这一传统的文学作品作为考证的依据，本身仍是一件充满争议的事情。明末清初，黄宗羲提出可"以诗补史之阙"的同时，王夫之就认为"夫诗之不可以史为，若口与目之不相为代也……"（见《薑斋诗话》）逮至近世，在陈寅恪撰写《元白诗笺证稿》，试以文学作品来补充纠正历史记载的不足之后，钱锺书却不以为然，批评说"不能天真地靠文学作品来供给历史的事实"（见《宋诗选注》序）。

　　不能否认，"以诗证史"的研究方法确实有着先天缺陷。除文学作品本身的夸张和想象外，古典诗词的多义性也是一个重要原因。今人解诗，以意逆志，这究竟在多大程度上能还原诗人之本意呢？古人云"诗无达诂"，良有以也。不过，其他史料也都不可避免会存在种种不足。比如，日记在撰写时就不免经过精心修饰，有预备留给后人看的嫌疑；回忆录中则常常充斥着不靠谱的回忆；而看似语无顾忌的书信，也不排除有信口开河、夹带私货的可能……而作为考证材料的诗词，如就可信度而言，其实未必会比其他材料差。所以说，"以诗证史"的关键，不在"诗"，而在"证"。研究者对材料的判断和使用，才是更重要的因素。何况，在考证当事人情感经历的特殊情形下，词往往还有着不可替代的作用。

　　词，作为传统文学之一种，与"载道"之文和"言志"之诗不同，它一向就有抒写"闲情"的传统。从北宋的欧阳修到清代的朱彝尊，一段段隐秘难言的幽微情事，恰恰是通过一首首遣兴抒怀的小词，而流播于后世。在士大夫看来，这些虽是"累德"之行，却不妨又是填词的好材料。可以说，词中所写虽不完全等同于客观之事实，但词中记录的却恰恰是词人更为真实的心理感受。（正如西方印象派画作虽看似背离了传统的写实，但其追求的又何尝不是另一种更为真实的视觉感受呢？）

　　因此，从《佞宋词痕》中梳理出一条男女主人公情感发展脉络的同时，作者特别注意这条脉络与其他文献能否相互印证，与情感发展的自身逻辑和通常情理是否有所抵牾。对词作的解读，务必求训诂之依据；然对事态的发展，也不妨作合理之推测。希望既可免胶柱鼓瑟之讥，又可避附会穿凿之嫌。

　　本书撰写，所引词作，原则上以《佞宋词痕》十卷本为准，插图手迹，仅供对照。书中部分篇章，承严晓星先生、陆灏先生、郑诗亮先生不弃葑菲，曾刊于《掌故》与《上海书评》。材料、图片，多承梁颖先生、祝淳翔先生和王叔重先生提供。在此一并致谢。一书虽成，错漏不免，然数年心血，尽抛于斯，庶几可使吴湖帆和周錬霞的恋爱故事为世人所知，则幸甚矣。

有情人未必终成眷属，谨以此书献给这个世界上曾经彼此相爱过的人们。

庚子暮春写讫，时避疫于南海无忧花馆